MIT ZEICHENKOHLE UND RÖTELSTIFT

JOSE M. PARRAMON

MIT ZEICHENKOHLE UND RÖTELSTIFT

JOSE M. PARRAMON

EDITION
MICHAEL FISCHER

Titel der Originalausgabe: „Asi se dibuja al carbón y a la sanguina“
Aus dem Französischen übertragen von Christa L. Cordes

---

1. Auflage 1985

Herstellung und Satz: Verlagsservice Henninger, Würzburg
ISBN 3-924433-13-5
Printed in Spain by
Sirven Grafic, S.A., Gran Vía, 754 -
08013-Barcelona - (Spain)

Register Book number: 785
Legal Deposit B-26.415-85

Inhaltsverzeichnis

Die Buchreihe „Richtiges Malen und Zeichnen" ermöglicht eine umfangreiche Einführung und Ausbildung in den unterschiedlichen künstlerischen Mal- und Zeichentechniken. Sie wendet sich an alle, die einzeln oder in der Gemeinschaft mit anderen Wege künstlerischen Schaffens für sich entdecken wollen.

„Erlesene Schöpfungen", wie Valéry es nannte, sind heute nicht mehr einer Elite vorbehalten, sondern für alle erreichbar, die sich von kreativer Arbeit anregen lassen.

Der einzelne Hobbymaler oder der Gruppenleiter findet in diesen Bänden alle Antworten auf technische Probleme, die sich bei schöpferischen Überlegungen zwangsläufig stellen.

Die Bände umfassen die ganze Spannbreite der unterschiedlichsten Ausdrucksformen; sie beschreiben das dafür notwendige Material und stellen die einzelnen Phasen der Entstehung der Arbeiten vor.

Die Bände, die in erster Linie der Einführung in die jeweilige Technik gelten, sind fast immer in Kursform abgefaßt. Jede Lektion ist aktiv gestaltet: Der Theorie folgen ausführliche praktische Übungen mit fortschreitendem Schwierigkeitsgrad.

Zahlreiche Abbildungen ermöglichen die unmittelbare Anschauung und dienen dem besseren Verständnis der einzelnen Stadien der jeweiligen künstlerischen Technik. Kleine humorvolle Geschichten lockern das Ganze auf und vermitteln gleichzeitig allgemeine Kenntnisse.

Am Schluß der entscheidenden Kapitel fassen wir die wichtigsten Gedanken und die wesentlichen Regeln noch einmal zusammen, um das Erlernte zu festigen.

Mögen diese Bände Ihnen den Einstieg und die Ausbildung in der künstlerischen Ausdrucksform Ihrer Wahl erleichtern.

Die Kohlezeichnung

Nehmen Sie ein Stück Zeichenkohle, und ziehen Sie einige Zickzacklinien. Sie erhalten einen Grauton. Stufen Sie den Ton langsam ab, lassen Sie ihn dunkler werden . . . Ist das Ergebnis nicht erstaunlich? Wie leicht sich der Strich beim „Malen“ ausweitet! Schon mit wenigen Strichen läßt sich eine Fläche anlegen! Versuchen Sie, ganz leicht in einem Zug, also mit einem einzigen Strich unter immer stärker werdendem Druck eine Abstufung herzustellen. Die Fläche soll so schwarz wie möglich ausfallen. Welche herrlichen Grau- und Schwarztöne lassen sich auf diese Weise erzielen!

Fahren Sie jetzt mit dem Daumen darüber hinweg . . . Und malen Sie! Denn von dieser Übung zum Malen ist es nur ein kleiner Schritt. Das können Sie selbst in wenigen Augenblicken überprüfen, wenn Sie nämlich feststellen, daß der Strich zweifellos das unwichtigste ist. Man vergißt die Linien, die Begrenzungen und die Umrisse und füllt die Flächen aus und nuanciert die Töne, als wäre die Zeichenkohle ein Pinsel. Denn auch bei dieser Technik spielen Nuancen, Werte, Licht und Schatten die alleinige Rolle. Und genau das macht die Arbeit so schwierig!

Wir wollen diese künstlerische Ausdrucksmöglichkeit von Grund auf erlernen. Dabei beschäftigen wir uns zunächst mit der Zeichenkohle und anschließend mit dem Rötelstift. Als erstes untersuchen wir das Material, seine Möglichkeiten und seine Grenzen. Anschließend verschaffen wir uns einen

Überblick über die gesamte Technik: die Arbeit mit den Händen und den Fingern, und zum Schluß befassen wir uns mit allen Aspekten, die während des Zeichnens mit der Zeichenkohle und dem Rötelstift auftreten können.

Das Material

Zeichenkohle, Kohlestift, Wischer, Gummi, Papier, Pastellkreide . . .

Die Zeichenkohle

Beginnen wir mit jenen kleinen Stücken Holzkohle, die man als Zeichenkohle bezeichnet.

Sie werden aus den feinen Ästen der Eiche, der Weide, aus Bruyereholz oder einem anderen leichten, porösen Holz hergestellt, das keinerlei Astlöcher aufweisen darf. Das Holz wird verkohlt, ohne daß der Verbrennungsprozeß ganz zu Ende geführt wird. Auf diese Weise erhält man kleine Stücke feiner pflanzlicher Kohle. Dank ihrer Zusammensetzung läßt sich mit Zeichenkohle ein sehr intensives Schwarz erzielen. Allerdings sind die Linien, wie wir später noch feststellen werden, nicht sehr haltbar.

Zeichenkohle wird mit unterschiedlichen Nummern angeboten, die im Gegensatz zu der Numerierung der Bleistifte jedoch weder den Härtegrad noch die Zerreibbarkeit angeben. Die Ziffern beziehen sich lediglich auf den jeweiligen Durchmesser. Die Klassifizierung reicht von 2 bis 6, wobei die Kohle Nr. 2 am meisten verwendet wird. Die Zeichenkohle Nr. 2 hat einen Durchmesser von etwa 6 mm, die Kohle Nr. 6 ist etwa 10 mm breit. Mit ihr läßt sich also ein breiterer Strich erzielen, der jedoch nicht intensiver ist als der von schmaleren Stücken. Zeichenkohle von guter Qualität darf keine Knoten aufweisen, weil diese ein gleichmäßiges Verfließen verhindern würden. Dieses Verfließen der Umrisse hängt entscheidend vom Verkohlungsgrad des Holzes ab. Die Zeichenkohle darf keine harten Fasern und keine kristallisierten Teilchen beinhalten. Diese könnten das Papier zerkratzen und einreißen.

Zeichenkohle besteht ausschließlich aus Holzkohle; sie wird mit keinem anderen Material gemischt.

Der Kohlestift

Der klassische Kohlestift weist dieselben Charakteristiken auf wie ein Bleistift. Er besitzt nur statt einer Grafitmine eine Mine aus Kohle.

Der Kohlestift wurde im vorigen Jahrhundert von der Firma Conté in Paris entwickelt. Man findet ihn deshalb manchmal auch unter der Bezeichnung Conté-Stift.

Die Bezeichnung „Kohlestift“ rührt von der Tatsache her, daß sich die Mine dieses Stiftes aus dem Grundmaterial Holzkohle und weiteren Bestandteilen zusammensetzt, die die Kohle verfestigen und stabilisieren. Das ermöglicht eine intensivere und haltbarere Linienführung als mit reiner Zeichenkohle.

Alle bekannten Bleistifthersteller produzieren ebenfalls Kohlestifte, zum Beispiel Conté, Faber, Koh-i-Noor, Staedler etc. Die Qualität dieser Markenfabrikate ist ausgezeichnet, auch wenn die Firmen Conté und Faber an der Spitze liegen.

Der Kohlestift wird wie der Bleistift in verschiedenen Härte- und Abreibgraden angeboten. Die Ziffern reichen von 0 bis 3, wobei der Stift Nr. 0 der weichste und der Stift Nr. 3 der härteste der jeweiligen Serie ist. Es gibt jedoch eine Ausnahme, und die betrifft die Firma Conté. Diese numeriert die Härtegrade im umgekehrten Sinne, also:

Normale Klassifizierung der Markenfabrikate:

stark zerreibbar	zerreibbar	normal	hart
Nr. 0	Nr. 1	Nr. 2	Nr. 3

Besondere Klassifizierung der Firma Conté:

stark zerreibbar	zerreibbar	normal	hart
Nr. 3	Nr. 2	Nr. 1	Nr. 0

Im Grunde handelt es sich nur um eine bewußte Extratour der Erfinderfirma Conté, die auf diese Weise ihre Sonderstellung unterstreicht.

Manche Hersteller benutzen übrigens auch Buchstaben anstelle von Ziffern. Außerdem sind kurze Kohleminen in Stangenform von der Stärke eines Bleistiftes erhältlich.

Der Spezialkohlestift (TK-Stift)

Es gibt noch eine weitere Art des Kohlestiftes, der besonders in England sehr geschätzt wird. Die Bezeichnung „spezial" weist hier darauf hin, daß die Mine ausschließlich aus Holzkohle besteht, also keinerlei weitere Bestandteile enthält. Dieser Stift ist erheblich stabiler als die normale Zeichenkohle.

Die bekannteste Marke in England ist Wolff's. In Frankreich stellt Conté diesen Stift her, in Deutschland ist dieser Stift als TK-Stift erhältlich.

Die Wischer

Hierbei handelt es sich um kleine kompakte Walzen von länglicher Form aus grauem, porösem Papier. Sie ähneln einem Bleistift und haben eine kegelförmige Spitze an beiden Enden. Es gibt sie aus Papier und aus Waschleder.

Wir werden später noch erfahren, daß man sich diese Wischer aus Zeitungspapier auch selber herstellen kann.

Die Wischer benötigt man zum Verreiben der Farbe und zum Abstufen der Linien und Grautöne, die mit dem Bleistift, dem Kohlestift oder mit Rötelkreide angelegt wurden.

Wischer gibt es in unterschiedlicher Stärke. Sie werden nach den Ziffern 1 bis 8 klassifiziert. Der Wischer Nr. 1 ist der dünnste, der mit der Ziffer 8 der dickste. Auf diese Weise kann man je nach Größe der zu bearbeitenden Fläche mit einer unterschiedlich starken Spitze arbeiten. Für den Kunstmaler, der mit Zeichenkohle oder Rötelkreide arbeitet, genügen drei Wischer mit den Ziffern 1, 4 und 5.

Beim Arbeiten mit einem Wischer muß man von vornherein die eine Spitze für die hellen und die andere für die dunkleren Töne vorsehen. Außerdem empfiehlt es sich, ein Sortiment Wischer für die Zeichenkohle und ein gesondertes für die Rötelkreide zu verwenden. Der Grund dafür ist, daß sich die Wischer bei der Benutzung immer ein wenig verfärben. Selbst wenn der Künstler in ein und derselben Zeichnung sowohl Zeichenkohle als auch Rötelkreide verwendet — das ist durchaus gestattet und führt zu sehr schönen Effekten —, ist es ratsam, die Wischer wie einen Pinsel einzusetzen. Ich will damit sagen, es empfiehlt sich, gewisse Wischer ausschließlich für die Striche mit reinem Rötel, weitere für die Mischung von Kohle und Rötel und schließlich einige nur für die Arbeit an dem intensiven Schwarz auf der Basis von reiner Zeichenkohle zu benutzen.

Wird ein Wischer stumpf, läßt er sich wieder anspitzen und gleichzeitig reinigen, indem man mit der Spitze auf sehr feinem Schmirgelpapier reibt. Zur normalen Reinigung des Wischers reicht es, mit der Spitze kräftig über ein grobkörniges Papier zu fahren und den Abrieb anschließend mit einem Tuch zu entfernen.

Fehlt einem einmal ein Wischer mit einer sehr dünnen und außerordentlich feinen Spitze, also die Nr. 0 oder selbst 00, kann man einen solchen auch selber herstellen. Dessen Spitze ist beinahe ebenso fein wie die einer Nadel. Ich gebe zu, das ist etwas übertrieben. Doch Sie werden später sehen, wie einfach und preiswert das ist.

Das Verwischen mit den Fingern

Ich vermute, Sie wissen bereits, daß sich die Finger und selbst die Handfläche hervorragend zum Verwischen, Verschmelzen und Abstufen von Farben eignen und in dieser Beziehung die besten Wischer überhaupt darstellen. Das heißt nun nicht, daß man auf die Wischer ganz verzichten könnte. In zahlreichen Fällen, vor allem bei präzisen Arbeiten (und hier besonders jene, die eine sehr ausgefeilte Abschlußarbeit erfordern), kommt man ohne sie nicht aus. Im allgemeinen kann man jedoch mit dem Wischer und den Fingern abwechselnd arbeiten.

Verwischt man Kohle oder Rötel mit den Fingern, benutzt man dazu alle Finger der rechten Hand. Dabei arbeitet man sowohl mit dem flach aufgelegten Finger (Abb. 2 A, Seite 11), mit dem seitlichen Finger (B) — vor allem vom Ringfinger und kleinen Finger — als auch mit dem Handballen (C). Ihn benutzt man manchmal für große Flächen in großformatigen Zeichnungen. Wie auf den Abbildungen auf der gegenüberliegenden Seite zu sehen, verwischt man die Farbe mit den Fingern, ohne den Stift loszulassen.

Dabei arbeitet man mit dem Daumen oder manchmal auch mit dem Zeige- oder dem Mittelfinger (3), oder mit dem Mittelfinger, dem Ringfinger und dem kleinen Finger (4) und stuft hier mit den Seiten ab.

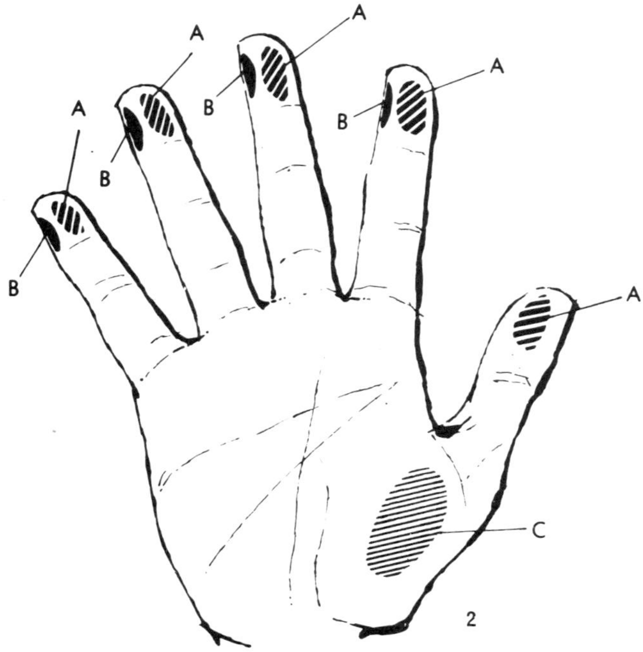

2

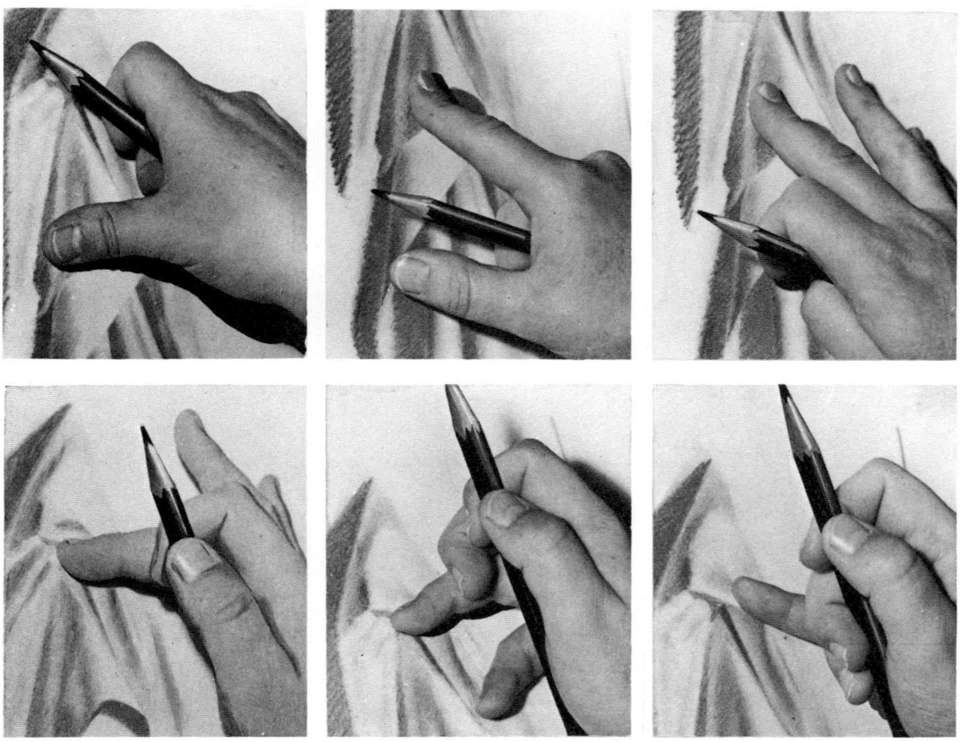

4

Ist die ganze Hand verschmutzt und weiß man beim besten Willen nicht mehr, welchen Finger man noch verwenden soll, kann man zum Ausgleichen sehr heller Grautöne ausnahmsweise auch einmal den Fingerrücken oder den Handballen der linken Hand benutzen.

Wie man sich einen Wischer selber herstellt

Nehmen Sie ein Stück Zeitungspapier oder irgendein anderes poröses Blatt Papier. Schneiden Sie es entsprechend dem auf Abbildung 5 angegebenen Format zurecht, und rollen Sie es, wie auf Abbildung 6 zu sehen, auf. Falten Sie das Papierende leicht, und biegen Sie es ein oder mehrere Male um, bis es sich von allein rollt. Abbildung 7: Rollen Sie das Papier jetzt auf. Befeuchten Sie dazu Daumen und Zeigefinger, dann geht es leichter. Abbildung 8: Rollen Sie das Papier mit Hilfe der Finger der anderen Hand weiter, als wollten Sie sich eine Zigarette drehen. Abbildung 9: Achten Sie darauf, daß Sie durch kegelförmiges Rollen des Papiers eine sehr feine Spitze erhalten. Abbildung 10: Kleben Sie das andere Ende des Papiers mit farblosem Klebstoff oder Tesafilm fest. Basteln Sie sich solch einen Wischer aus dünnem Löschpapier, erhalten Sie ein dickeres Gerät.

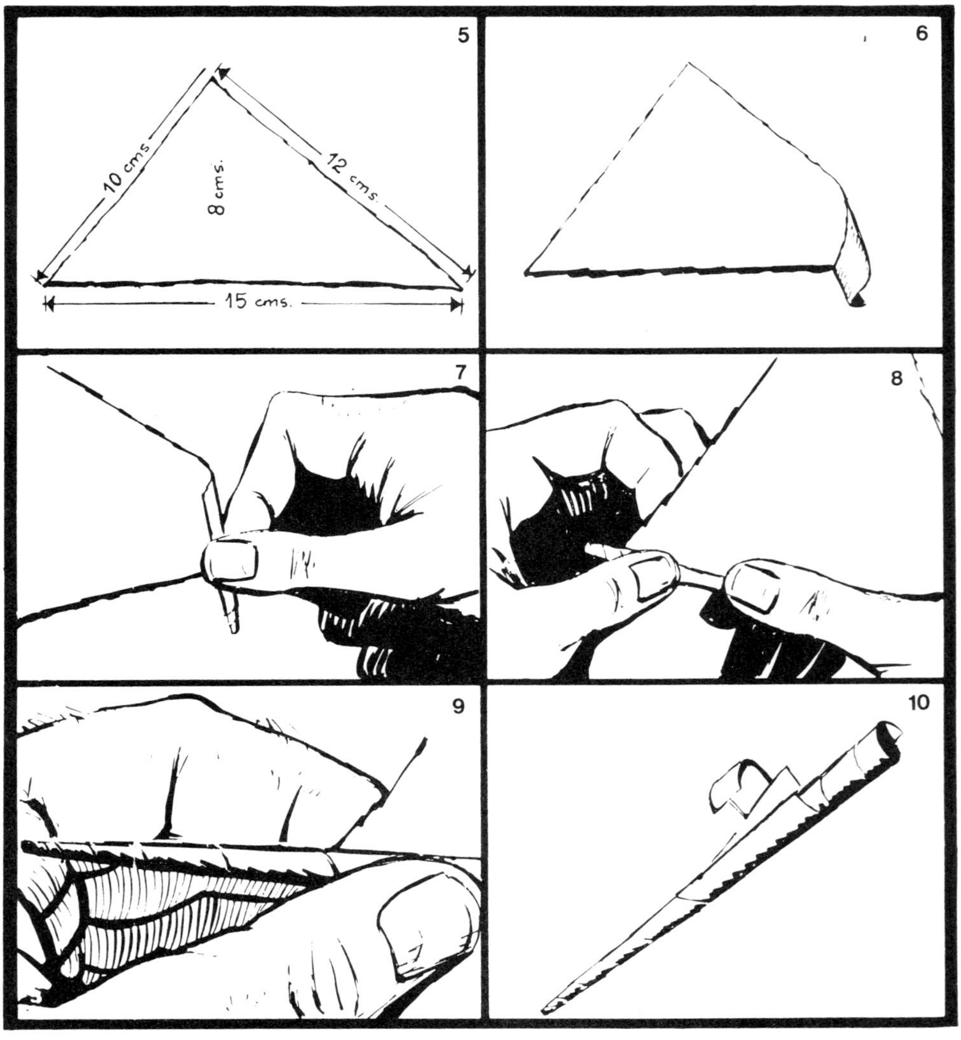

Natürlich hängt es in erster Linie von der Gleichmäßigkeit und der Einheitlichkeit der Eingangslinien ab, ob eine Abstufung gelingt oder eine Fläche völlig uniform wird. Ohne diese Grundbedingung ist kein gutes Ergebnis zu erzielen.

Gummi und Tuch

Sowohl für die Herstellung einer Kohlezeichnung als auch für die Zeichnung mit Rötelkreide gehört der Radiergummi zum Grundhandwerkzeug. Man braucht ihn nicht zum Korrigieren, sondern zum Aufbau der Zeichnung. Das heißt, der Radiergummi ist ein Mittel zum Zeichnen, um Weißflächen und Spitzlichter herauszuarbeiten, Formen hervorzuheben und Weite und Licht zu erzeugen. Bleibt es nicht völlig gleich, ob man eine graue Fläche wieder hell werden läßt oder tatsächlich mit weißer Farbe malt? Als Mittel zur Korrektur spielt der Radiergummi dagegen keine große Rolle. Es ist sehr schwierig, um nicht zu sagen: unmöglich, einen kräftigen Kohlestrich restlos mit dem Gummi wegzuradieren.

Und wozu wird das Tuch benötigt?

Zeichenkohle läßt sich außer mit dem Radiergummi durch Reiben mit jedem Stück Stoff weitgehend wieder entfernen. Vorzugsweise sollte man dazu ein altes, nach Möglichkeit weißes Tuch benutzen. Halten Sie ein solches Tuch immer bereit — aus gutem Grund, wie wir später sehen werden.

Papier zum Zeichnen mit Zeichenkohle

Vermeiden Sie zu glattes Papier wie das „Bristol". Davon abgesehen, eignet sich jedes Zeichenpapier für das Arbeiten mit Zeichenkohle. Die ideale Grundlage bildet jedoch das Ingres-Papier, das speziell zu diesem Zweck hergestellt wird.Ingres-Papier ist in unterschiedlichen Formaten erhältlich. Am geläufigsten ist das Format 50 × 60 cm. Es wird einfarbig in unterschiedlichen Tönen hergestellt, und zwar in Elfenbein, Ocker, Gelb, Grau, einem kräftigen Graublau, einem kräftigen Graugrün und Rosa (1).

Pastellkreiden

Pastellkreiden sind kleine Stäbe aus mit einem Bindemittel oder Gummiarabikum vermischten Farbpigmenten, die anschließend geformt und getrocknet wurden. Es gibt sie in allen Farben. Das Pastellweiß wird normalerweise einfach nur als Kreide bezeichnet. Pastellkreiden werden manchmal bei Kohlezeichnungen auf farbigem Papier verwendet. Man erhält auf diese Weise eine dreifarbige Zeichnung: zum Beispiel das Rosa des Papiers, das Schwarz des Kohlestiftes und das Weiß der Pastellkreide, das die hellen Töne hervorhebt. Dazu verwischt man es mit den Fingern und modelliert die Formen negativ.

Die Pastellkreide tritt in allen Fällen nur sehr zurückhaltend in den Zeichnungen in Erscheinung. Sie wird erst ganz zuletzt eingesetzt, um die Zeichnung zu beleben und ihr Volumen zu verleihen. (Auf den Seiten 22 und 23 finden Sie zwei Beispiele dafür.)

---

(1) Diese Aufzählung ist nicht vollständig. Es gibt zum Beispiel auch Japanpapier von Ingres.

Die Rötelkreide — der Name kommt vom Rotstein, einem bräunlich bis blutroten, stark färbenden Gemisch aus rotem Eisenocker und Ton — reicht allein aus, um eine Zeichnung anzulegen: die bekannte Rötelzeichnung. Man verwendet dafür als Unterlage Ingres- oder Canson-Papier in Weiß oder Elfenbein. Die Technik gleicht der für Zeichenkohle.

Alle großen Meister von der Renaissance bis in unsere Tage haben Rötelzeichnungen angefertigt, insbesondere für Porträtstudien.

Zeichenkohlehalter

Hierbei handelt es sich um ein praktisches Gerät, mit dem man einen zu kurz gewordenen Kohlestift bis zu Ende aufgebrauchen kann. Der Halter besteht aus einer Art Metallklemme mit einem Ring in der Mitte. Dieser Ring ist verstellbar. Dadurch verkleinert sich eine der beiden Öffnungen und hält die Kohle, die man hier eingeführt hat.

Man muß dieses Gerät nicht unbedingt besitzen. Kunstmaler benutzen es übrigens nicht allzu häufig.

Das Fixativ

Wie wir in der Folge noch sehen werden, ist die Kohlezeichnung außerordentlich empfindlich. Sie verschmutzt sehr schnell und wird durch das geringste Darüberwischen mit einem Papier oder einem anderen Gegenstand ausgelöscht.

Um diesen Nachteil auszugleichen, fixiert der Kunstmaler seine Zeichnung mit Hilfe eines Sprays, das im wesentlichen aus Alkohol und fünf Prozent Gummiarabikum oder einem anderen transparenten Harz (5 g pro 100 l Alkohol) zusammengesetzt ist. Man trägt die Flüssigkeit mit Hilfe eines Pulverisators, der aus zwei rechtwinkelig verbundenen Rohren besteht, auf die Zeichnung auf. Die Flüssigkeit tritt durch Ansaugen und Ausblasen an der Spitze des rechten Winkels als feiner tropfenförmiger pulverisierter Nebel aus. Man erhält dieses Ergebnis, indem man das längere der beiden Röhrchen in die Flasche mit dem Fixativ steckt und in das kürzere hineinbläst. Natürlich tritt um so mehr Flüssigkeit aus, je stärker man bläst; gleichzeitig verstärkt sich auch die Pulverisierung.

Man erhält das Fixativ und den Pulverisator in Geschäften für Künstlerbedarf. Dort findet sich auch ein Fixativ in Spraydosen, mit dem sich die Flüssigkeit durch Druck auf ein Ventil auftragen läßt (siehe gegenüberliegende Abbildung).

Das Fixativ muß in mehrere Schichten auf die waagerecht liegende Zeichnung aufgetragen werden. Man besprüht das Blatt, wartet, daß die Flüssigkeit verdunstet und die Schicht getrocknet ist, und besprüht die Fläche erneut, bis eine sehr feine, unsichtbare Haut entsteht, die die Zeichnung schützt. Für diese Arbeit muß man sich unbedingt Zeit lassen. Die Zeichnung muß flach liegen, damit der Luftzug, der durch das Aufsprühen entsteht, die Kohle bzw. die Kohlezeichnung nicht verwischt und die Fixierflüssigkeit nicht zu fließen beginnt.

Die Rötelzeichnung dunkelt beim Fixieren etwas nach. Ähnliches beobachtet man ja auch beim Lackieren. Diese Farbveränderung verbietet die Verwendung eines Fixativs bei Flächen oder Strichen mit Pastellkreiden oder weißer Kreide auf farbigem Papier. In diesem Fall empfiehlt es sich, erst die fertige Zeichnung zu fixieren, das Fixativ völlig trocknen zu lassen, und die Flächen

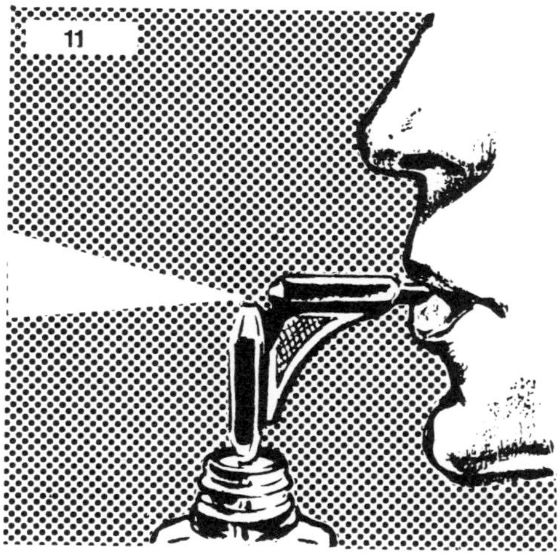

11

12

13

Abbildungen 11 und 12: Ein klassisches Hilfsmittel zum Fixieren von Bleistift-, Kohle- und Rötelzeichnungen. Abbildung 13 zeigt eine Spraydose, mit der sich das Fixativ problemlos auftragen läßt.

oder Linien noch einmal zu zeichnen. Anschließend trägt man eine letzte Fixierschicht auf, muß sich jedoch darüber klar sein, daß der Schutz nicht vollständig ist. Das gleiche Verfahren wendet man bei Zeichnungen an, die ausschließlich mit Pastellkreide angefertigt worden sind.

Weiteres Material

Ansonsten benötigt man dasselbe Material wie für die Bleistiftzeichnung: also eine große Zeichenmappe von 50 × 65 cm, um die fertigen Zeichnungen aufzubewahren, Seidenpapier zum Dazwischenlegen, ein Zeichenbrett von 50 × 70 cm, einen Bleistiftspitzer, kleine Heftzwecken, Nadeln zum Befestigen des Papiers auf dem Zeichenbrett oder auf der Zeichenmappe etc.

14

Bevor wir uns näher mit der Technik der Zeichenkohle und der Rötelkreide befassen, wollen wir einige Zeichnungen untersuchen, die mit dem Kohlestift angefertigt wurden. Auf diese Weise erhalten wir eine Vorstellung davon, welche künstlerischen Ausdrucksmöglichkeiten uns hier zur Verfügung stehen.

Abbildung 14: Auf dieser Seite finden Sie einige Skizzen, die nach Modellen mit einem Kohlestift angefertigt wurden. Setzen Sie sich mit einem Skizzenblock und einem Kohlestift auf die Terrasse eines Cafés oder auf eine Bank im Park. Zeichnen Sie, was Ihnen vor die Augen kommt. Nutzen Sie das herrlich weiche Material des Stiftes aus, mit dem Sie eine sehr breite Skala von Grau- und intensiven samtartigen Schwarztönen erreichen können.

Abbildungen 15, 16 und 17: Hier sehen Sie die Entwicklung einer Skizze in drei Etappen, die innerhalb von fünf Minuten gezeichnet wurde. Das Modell ist die Venus von Milo. Die Skizzen wurden mit Kohlestift auf Canson-Papier von mittlerem Korn angefertigt.

Abbildung 15 zeigt das Eingangstadium der Skizze mit einem senkrechten Strich von oben nach unten und drei waagerechten Linien, die die Position der Schultern, der Brüste und des Unterleibs angeben. Auf dieser Basis der Berechnung der Proportionen läßt sich der „Rahmen", wie Ingres ihn nannte, rasch aufbauen. Man skizziert dazu die äußeren Umrisse und die Silhouette des Modells.

Abbildung 16: Wir zeichnen die Umrisse noch einmal, präzisieren sie und geben der Figur die endgültige äußere Form. Anschließend skizzieren wir das Spiel von Licht und Schatten. In diesem Stadium beginnen wir jedoch noch nicht mit dem Verwischen.

Abbildung 17: In dieser letzten Phase (Die Zeichnung ist jetzt schon weit fortgeschritten. Die Korrektur oder Präzisierung der Abstände und Proportionen ist abgeschlossen.) widmet sich der Künstler ausschließlich den Nuancen innerhalb des Lichtes und der Schatten. Er will jetzt einzig und allein Kontraste erzielen und der Figur Volumen geben.

Eine derartige Übung, deren Dauer im voraus auf drei, fünf und zehn Minuten festgelegt wird, ist von großem erzieherischen Wert. Sie bedeutet ein Training, das Ihnen die notwendige Sicherheit beim Zeichnen verleiht.

15

16

17

18

Abbildungen 18 und 19: Links sehen Sie eine neue Skizze der Venus von Milo, die in 15 Minuten entstanden ist. Sie wurde mit Kohlestift auf Canson-Papier von mittlerem Korn ohne Verwischen gezeichnet. Die energischen, spontanen Linien der Zeichnung aus freier Hand bleiben auf diese Weise erhalten.

Auf der gegenüberliegenden Seite (Abb. 19) finden Sie den verkleinerten Ausschnitt einer Kohlestiftzeichnung derselben Statue auf Ingres-Papier. Hier wurde die Farbe mit den Fingern und dem Radiergummi verwischt. Der Künstler hat sich bemüht, alle Möglichkeiten der Zeichenkohle und des Kohlestiftes auszunutzen. Sie haben später in diesem Buch Gelegenheit, eine Zeichnung zu sehen, die zunächst mit Zeichenkohle begonnen und mit dem Kohlestift präzisiert und abgeschlossen wurde. Studieren Sie diese Zeichnung genau. Sie werden feststellen, daß diese Technik praktisch unbegrenzte Möglichkeiten liefert, denn damit läßt sich eine sehr breite Skala von hellen, mittleren und dunklen Grautönen sowie ein absolutes Schwarz erzielen.

19

20

Abbildungen 20 und 21: Die Kombination von Kohlestift und weißer Farbe auf farbigem Ingres-Papier (Erinnern Sie sich, Ingres-Papier wird in den Farben Creme, Ocker, Gelb, Grau, Blau, Grün, Rosa etc. hergestellt) kann zu Zeichnungen von großer künstlerischer Qualität führen. Der Künstler „malt" sein Werk geradezu. Er kann tatsächlich malen, und seine Arbeit erhält eine außerordentlich angenehme Farbharmonie. Oben sehen Sie als Beispiel die Skizze für ein Selbstporträt, die vor dem Spiegel entstanden ist, und rechts mein Selbstporträt mit Kohlestift und weißer Kreide, das ich auf ockergelbem Ingres-Papier hergestellt habe.

J. M. PARRAMÓN

Technik und Möglichkeiten der Kohlezeichnung

Unter dem Oberbegriff „Kohlezeichnung" müssen wir zwei Arten von Zeichnungen unterscheiden:

1. Die Kohlezeichnung. Hierfür wird nur Zeichenkohle verwendet. Man benutzt von Anfang bis zum Ende ausschließlich diese Kohle.
2. Die Kohlestiftzeichnung. Hier wird die Arbeit mit der Zeichenkohle begonnen. Der wirkliche Aufbau und die Ausarbeitung erfolgen jedoch mit dem Kohlestift.

Zwischen beiden Verfahren besteht ein erheblicher Unterschied. Dieser betrifft sowohl die Ausführungstechnik als auch das Endergebnis, also das fertige Werk. Daraus folgt, daß wir jede dieser Techniken und ihre Möglichkeiten getrennt untersuchen müssen.

Die Besonderheiten der Kohlezeichnung

Um diese Technik wirklich gut zu erlernen, empfehle ich Ihnen, neben der Lektüre dieses Abschnittes gleichzeitig zu zeichnen. Besorgen Sie sich also Zeichenkohle, Radiergummi, einen weißen Lappen, ein Zeichenbrett und ein Blatt Ingres-Papier.

Zunächst wollen wir einige einfache Übungen machen, damit Sie mit den Grundregeln der Arbeit mit Zeichenkohle vertraut werden.

Sind Sie bereit? Sie werden gleich sehen, wie man die Zeichenkohle faßt, wie sie zum Zeichnen über das Papier geführt werden muß etc. Brechen Sie dafür die Stange zunächst in zwei oder drei kleine Stücke. Nehmen Sie ein Stück in die Hand, und zeichnen Sie eine Linie und drei schwarze Flächen nebeneinander (Abb. 22, Seite 26). Bearbeiten Sie die Flächen so lange, bis Sie ein ebenso intensives Schwarz erhalten, wie Abbildung 22 es zeigt. Fassen Sie die Kohle an der Spitze, und halten Sie sie beinahe senkrecht, damit sie unter der Belastung nicht bricht. In dieser Lage können Sie die Kohle fest aufdrücken, damit Sie das erstaunliche samtartige Schwarz auch wirklich erhalten.

22

Fahren Sie jetzt mit der Seite des kleinen Fingers vorsichtig und unter leichtem Reiben über den ersten gezeichneten Strich (Abb. A), als wollten Sie die Papierfläche reinigen. Das kann nur zu einem einzigen Ergebnis führen: der Finger löscht den Zeichenkohlestift beinahe aus. Es bleibt nur eine ganz leichte Spur davon zurück.

Und jetzt die nächste Übung: Nähern Sie sich der ersten gezeichneten Fläche (B) bis auf wenige Zentimeter mit dem Mund, und blasen Sie einmal kräftig darauf! Ihr Atem entfernt einen Teil des Zeichenkohlestaubes und vermindert dadurch die Intensität des Schwarz.

Der zweite Fleck (C) muß dagegen tief schwarz wirken (verstärken Sie den Wert mit der Zeichenkohle, falls es sich als notwendig erweisen sollte). Fahren Sie jetzt mit der Zeigefingerkuppe von oben nach unten darüber. Ist Ihr Finger sauber, entfernen Sie einen erheblichen Anteil der Kohle. Sie „malen" dadurch einen sichtbar helleren Streifen in die Fläche hinein.

Als letztes nehmen Sie bitte den Lappen, und reiben Sie die Fläche D energisch ab, als wollten Sie das Papier reinigen. Sie werden feststellen, daß das Tuch die Kohle völlig entfernt. Die ursprüngliche Fläche bekommt einen hellen Grauton, während die umliegenden Zonen grau verschmutzen. Fahren Sie mit dem Radiergummi über diese Stellen, merken Sie, daß sich die Verunreinigungen unschwer entfernen lassen.

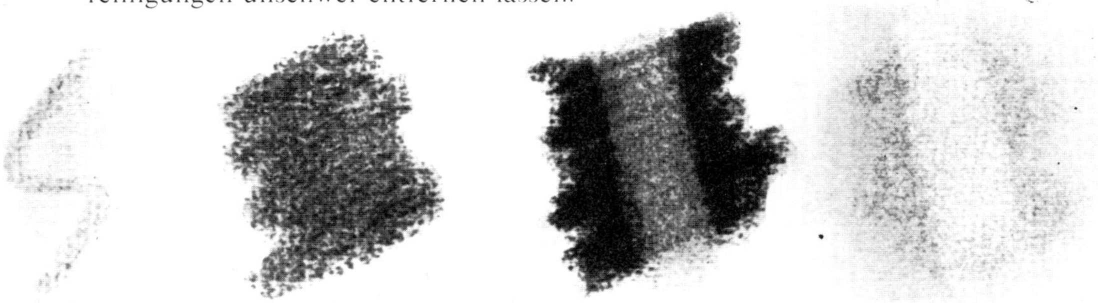

23

Das Ergebnis Ihrer Übungen sehen Sie auf der obigen Abbildung 23.
Fassen wir zusammen:

a) Ein Strich mit der Zeichenkohle läßt sich beinahe vollständig entfernen, indem man einfach mit dem Finger darüberfährt.
b) Eine schwarze Fläche aus Zeichenkohle wird heller, indem man kräftig darüberbläst.
c) Man vermindert die Intensität des Schwarz ebenfalls, indem man vorsichtig mit dem Finger darüberfährt.

d) Wischt man mit einem Lappen über eine mit Zeichenkohle gemalte Fläche, verreibt man die Kohle und tönt die danebenliegenden Zonen grau.

Daraus ergibt sich die erste Schlußfolgerung:

Die Zeichenkohle ist nicht haltbar

Das heißt, ein Strich mit der Zeichenkohle kann nicht so fest aufgetragen werden wie zum Beispiel ein Bleistiftstrich. Die Mine des Bleistiftes enthält Graphit, ein festes Material, das am Papier haften bleibt, während Zeichenkohle nur aus Kohle besteht, die beim Reiben über das Papier in winzige Staubpartikel zerfällt. Zieht man einen Strich und zeichnet man eine Linie, bleibt der feine Staub locker auf dem Papier liegen und fliegt beim ersten Windstoß, bei der ersten Berührung oder beim Darüberreiben sofort davon.

Das Wissen um den Mangel an Stabilität der Zeichenkohle ist von großer Bedeutung, will man die Anwendungs- und Einsatzmöglichkeiten dieses Ausdrucksmittels verstehen. Alle Anwendungstechniken gründen sich auf diese Instabilität. Selbst bei der Art und Weise, wie man die Kohle hält, muß darauf Rücksicht genommen werden. Das wollen wir jetzt näher untersuchen.

Wie man die Zeichenkohle hält

Für das Halten der Zeichenkohle gelten die drei folgenden Regeln:

1. Man darf die Zeichenkohle niemals wie einen Stift halten

Niemals! Das ist ein absolutes Verbot. Denn hielte man die Kohle wie einen normalen Bleistift, müßte man die Hand beim Zeichnen zwangsläufig aufstützen und damit über das Papier gleiten. Dadurch würde das Blatt nicht nur verschmutzen, man würde auch alles auslöschen, was bereits gezeichnet wurde. Außerdem eignet sich Zeichenkohle nicht für kleine, detaillierte Zeichnungen — hier berühren wir also bereits das Gebiet der Anwendungsmöglichkeiten. Die Zeichenkohle muß vielmehr für umfassende Themen, für großformatige Bilder eingesetzt werden, an die der Künstler eher wie ein Maler als wie ein Zeichner herangeht und bei denen er den Tonwerten und den Farben mehr Aufmerksamkeit schenkt als den Umrissen und Linien.

2. Die Zeichenkohle muß innen in der Hand liegen, ohne daß die Finger aufgestützt werden.

Die Haltung gleicht ein wenig der eines Pinsels, bei dem der Maler ebenfalls die Finger nicht aufstützen darf, um eine frisch bemalte Fläche nicht zu verschmutzen. Ich will jedoch versuchen, die Haltung an der Zeichenkohle selbst aufzuzeigen und die wesentlichen Punkte dafür zu erläutern.

Die Abbildungen 24 und 25 auf der folgenden Seite zeigen die beiden Möglichkeiten, einen Stift in der Hand zu halten. Im ersten Fall handelt es sich um einen Bleistift, im zweiten um ein Stück Zeichenkohle. Betrachten Sie die Lage des zweiten Stiftes genauer, stellen Sie folgendes fest:

a) Daumen, Zeigefinger und Mittelfinger halten die Zeichenkohle. Die beiden restlichen Finger bleiben zusammen, um nicht über das Papier zu gleiten.
b) Die Zeichenkohle wird nicht so schräg gehalten wie der Bleistift. Man zeichnet senkrecht zum Papier.

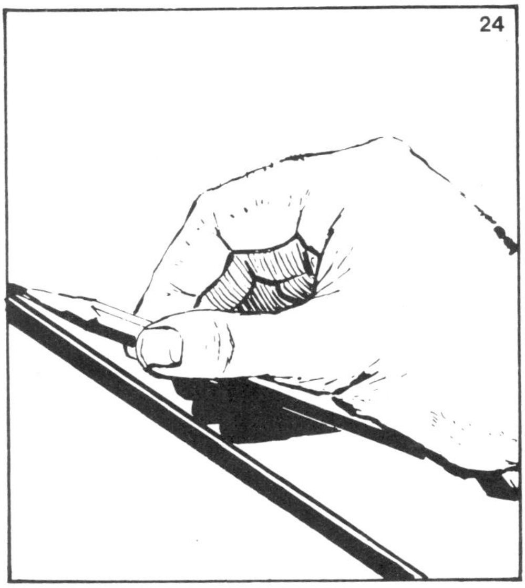

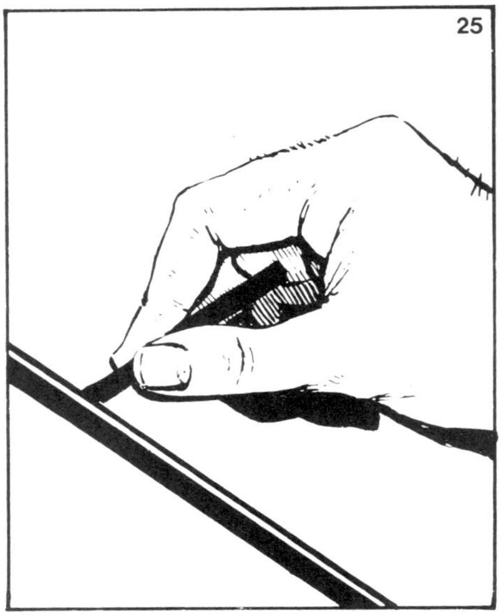

c) Das Stück Kohle, das über die Finger hinausragt, ist kürzer als das des Bleistiftes. Das bedeutet, man faßt die Kohle niedriger als einen Stift.

Aus dem zuvor Gesagten folgt:

d) Es ist ratsam, nur mit einem Stück Zeichenkohle zu arbeiten, und nicht mit der gesamten Stange.

3. Um eine Linienführung geschlossen zu halten, kann man manchmal die Hand auf den kleinen Finger stützen

Manchmal müssen Sie mit der Zeichenkohle — und dem Radiergummi — einen Punkt, einen kurzen Strich oder ein Spitzlicht zeichnen, das sich an einem ganz bestimmten Ort befindet: Zum Beispiel die Linien für die Mundwinkel, das Leuchten der Augen etc. Wie lassen sich diese Linien sicher anlegen, ohne daß man über das Papier reibt und das bereits Gezeichnete wieder auslöscht?

Das ist ganz einfach. Man sichert die Hand ab, indem man sie vorsichtig und sehr sorgfältig auf den kleinen Finger stützt, wie auf Abbildung 26 der gegenüberliegenden Seite zu sehen. Dabei nimmt man in Kauf, daß man die Stelle, wo der Finger aufliegt, ein wenig verschmutzt oder die Zeichnung dort etwas gelöscht wird. Es ist eine völlig gebräuchliche Methode, die wir alle anwenden. Dabei gilt es, folgendes zu beachten:

Erstens: Der kleine Finger muß an einer Stelle der Zeichnung aufgestützt werden, die anschließend leicht zu retuschieren ist.

Zweitens: Der Finger darf sich keinesfalls mehr bewegen, nachdem er einmal aufgelegt ist. Denken Sie immer daran, daß jedes Verrücken irreparable Schäden auf der Zeichnung hervorrufen könnte.

Die Zeichenkohle und ihre eckigen Kanten

Schon nach wenigen Strichen mit der Zeichenkohle wird die Spitze rund. Wir erkennen es daran, daß die Linienführung mehr oder weniger breit wird und

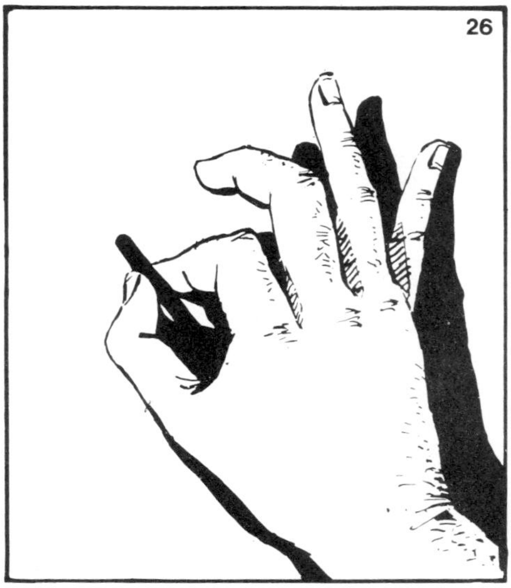

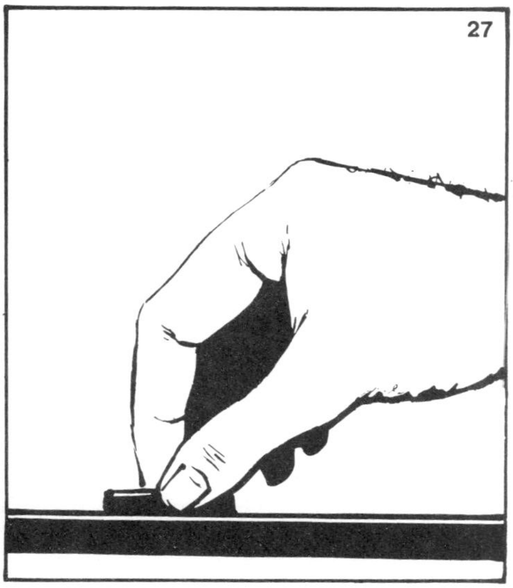

wir die Kohle im Verhältnis zum Papier nach und nach stärker neigen. Trotzdem lassen sich noch wie mit dem Stift feine Linien ziehen, indem man die eckigen Kanten der Kohle dazu benutzt. Vergessen Sie diese Möglichkeit nicht. denn in gewissen Augenblicken sind derartige feine Linien absolut notwendig.

Das Zeichnen mit der flach aufgelegten Kohle

Abbildung 27 zeigt diese weitere Möglichkeit, die Zeichenkohle zu halten. Hier liegt das nicht allzu große Stück waagerecht auf der Papierfläche. Man erhält breite Striche, wie auf der folgenden Seite (Abb. 28) zu sehen. Dies ist eine ganz erstaunliche Möglichkeit, große Flächen wie den Hintergrund, einen Himmel etc. auszufüllen und in unterschiedlichen Grautönen anzulegen.

Die Stellung des Künstlers beim Arbeiten mit Zeichenkohle

Der Künstler zeichnet mit ausgestrecktem Arm auf dem beinahe senkrecht stehenden Zeichenbrett. Letzteres ist sehr wichtig, denn dadurch gleitet der feine Zeichenstaub vom Papier herunter und fällt zu Boden. Er bleibt also nicht auf der Zeichnung liegen.

Machen Sie jetzt einige Übungen mit den unterschiedlichen Handgriffen, und ziehen Sie ein paar Linien.

Erste praktische Übung

Nehmen Sie ein halbes Blatt Ingres-Papier, und zeichnen Sie einige gleichmäßige Linien, Grautöne unterschiedlicher Stärke, zickzackförmige Abstufungen, breite Striche etc. Verwischen Sie einige dieser Striche anschließend mit den Fingern . . . Zeichnen Sie etwas Konkreteres, zum Beispiel eine Kugel (Abb. 28, folgende Seite).

Jetzt haben Sie schmutzige Hände! Ich habe vergessen, Sie darauf hinzuweisen, daß die Zeichenkohle die Hände verschmutzt. Das ist unvermeidbar. Ja, ich würde sogar beinahe sagen: Es ist notwendig.

28

Ich glaube, während wir zeichnen oder malen, dürfen uns derartige sachliche Dinge gar nicht kümmern. Wir müssen uns restlos dem hingeben, was wir gerade erarbeiten. Trotzdem ist es natürlich ratsam, beim Zeichnen mit Kohle alte unempfindliche Kleidungsstücke oder einen Kittel anzuziehen, der ausschließlich dieser Arbeit vorbehalten ist. In den Kunstakademien haben alle Studenten und Studentinnen solche Kittel getragen. Und wer den schmutzigsten besaß, galt für uns als der größte Künstler.

Ich rate Ihnen auch, das Haar in irgendeiner Form zu schützen. Nur haben Sie bitte keine Angst, sich die Hände zu beschmutzen: sie müssen schmutzig sein!

Die Hände und die Finger dürfen schmutzig werden, nicht jedoch die Zeichnung! Achtung: das ist das Geheimnis des Profis. Ich erinnere mich an einen großen Künstler, der neben mir in einer Akademie zeichnete. Er beendete eine Aktzeichnung mit Zeichenkohle. Sein Kittel war grau, die Hände beinahe bis zu den Handgelenken schwarz, und schwarz war auch sein Gesicht . . . Doch auf dem großen Zeichenpapier befand sich nicht ein einziger Fleck. Das Papier war immer noch makellos weiß. Ich hatte die Arbeit eines wirklichen Profis miterlebt!

Eine vollständige Übung

Arbeiten Sie weiterhin auf demselben Ingres-Papier. Benutzen Sie, falls nötig, auch die Rückseite.

Auf der folgenden Seite finden Sie ein Modell, anhand dessen Sie das Zeichnen mit Kohle, ihre Grenzen und Möglichkeiten studieren können. Es handelt sich um ein Stilleben aus einem Apfel, einer Weintraube und einem Wasserkrug im Hintergrund.

Erster Schritt

Der Aufbau

Man könnte beinahe sagen, daß die Zeichenkohle extra zum Studium des Aufbaus und der Formen, des Spiels von Licht und Schatten und der Komposition erfunden wurde. Die Zeichenkohle bildet die ideale Ergänzung für die drei Grundbedingungen des Aufbaus: Schnelligkeit, Überlegung und Überblick. In wenigen Augenblicken kann man die erste Skizze aufbauen und ausarbeiten. Es ist sogar möglich, alles wieder auszulöschen, von vorn anzufangen, ein zweitesmal alles mit dem Tuch wieder zu löschen und erneut zu beginnen.

Sehen wir uns das einmal in der Praxis an.

Bauen Sie Ihr Modell auf — schauen Sie sich dazu an, wie ich dieses Problem gelöst habe (Abb. 30). Das Modell bietet ganz einfache Formen. Arbeiten Sie rasch, untersuchen Sie die Abstände und Proportionen aber trotzdem äußerst sorgfältig. Vor allem die Weintraube darf nicht irgendwie gezeichnet werden. Sie erfordert Beere für Beere einen sorgfältigen Aufbau.

Legen Sie anschließend die Schatten an, indem Sie die Flächen mit Hilfe der Zeichenkohle grau tönen und entsprechend abdunkeln. Oder verwischen Sie die Kohle mit den Fingern. Sie können auch beide Verfahren gleichzeitig anwenden.

Doch Achtung: Bevor Sie mit dem Anlegen von Flächen und dem Verwischen beginnen, müssen Sie einige Besonderheiten wissen, die sich aus dem Grundzustand der Kohlezeichnung ergeben: ihrer *Instabilität.*

Betrachten wir als Beispiel die Ausarbeitung des Apfels auf der folgenden Seite:

29

30

31

32

Abbildung 31: Zeichnen Sie mit der Breitseite der Zeichenkohle eine Reihe von Strichen, die die dunkelsten Stellen des Apfels angeben.

Abbildung 32: Verwischen Sie diese Striche jetzt mit den Fingern, entfernen Sie beinahe die gesamte Kohle und hellen die Töne ganz erstaunlich auf.

33

34

Abbildung 33: Drücken Sie jetzt mit der Zeichenkohle stärker auf, und verwischen Sie die Farbe mit demselben Finger. Wiederholen Sie das Verfahren. Tragen Sie also erneut Kohle auf, und verwischen Sie sie wieder. Wie sieht das Ergebnis jetzt aus? Die Zeichnung ist anders geworden, nicht wahr? Der Finger, der völlig mit Zeichenkohle bedeckt ist, hat in etwa die Wirkung eines zweiten Stücks Zeichenkohle. Man kann mit ihm zeichnen.

Abbildung 34: Beachten Sie jetzt die folgende wichtige Tatsache: Während die Schattenzonen des Apfels nuanciert werden, haben wir leuchtende Zonen und hellere Töne angelegt. Doch hier ist die Hand etwas zu weit gegangen. Der Reflex müßte leuchtender sein. Sie erkennen es deutlich auf der vorigen Abbildung. Was ist zu tun? Das Grau mit dem Gummi ausradieren? Nein! Weshalb sollten wir das Ganze verkomplizieren? Die Lösung ist ganz einfach: Man braucht nur mit einem sauberen Finger über die Fläche mit dem Spitzlicht zu fahren — als malte man mit weißer Farbe. Dadurch entfernt man etwas Kohle, und der Reflex wird heller. Anschließend wird der dunkle „Buckel" mit Zeichenkohle verstärkt (ohne ihn zu verwischen), und der Apfel ist fertig.

Ziehen Sie aus dieser kurzen praktischen Übung drei Schlußfolgerungen, die sich auf jede Stelle der Zeichnung und jeden Augenblick des Arbeitens anwenden lassen:

1. Beim Verwischen müssen die Finger bereits völlig mit Zeichenkohle bedeckt sein

Ist die Sättigung erreicht, sind die Finger also völlig mit Schwarz bedeckt, kann es vorkommen, daß die „Pinselstriche" mit den Fingern, die Grau- und Schwarztöne, die mit den Fingern angelegt wurden, stabiler sind und sich nicht so leicht wieder entfernen lassen wie die Striche, die unmittelbar mit der Kohle gezogen wurden. Wissen Sie, weshalb das so ist? Weil die Finger transpirieren und der Schweiß selbst in so kleinen Mengen etwas Fett zur Kohle hinzufügt und sie dadurch festigt.

2. Zum Aufhellen eines Tonwertes kann man die sauberen Fingerkuppen verwenden

Mit der Fingerkuppe, dem Fingerrücken oder jedem anderen sauberen Teil der Hand läßt sich eine Fläche wieder aufhellen.

Dieses Verfahren läßt sich bei jedem Schatten, bei jedem Grauton und jeder Abstufung anwenden. Man fährt entweder mit dem Finger von einer Seite zur anderen oder von oben nach unten, oder man schlägt — je nach gewünschtem Helligkeitsgrad — mehr oder weniger stark auf die entsprechende Stelle. Zum Beispiel auf die Spalten zwischen den einzelnen Weinbeeren, wo der Ton dunkler ist . . . Stellt man fest, daß der Ton dort etwas zu dunkel geraten ist, genügen wenige Tupfer mit dem sauberen Finger, und das Grau hellt sich auf.

Ihnen muß klar sein, daß die Tätigkeit des Aufhellens oder Abschattens entweder mit einem schmutzigen oder einem sauberen Finger sowie das anschließende Verstärken des Tons mit Zeichenkohle und das erneute Verwischen etc. ganz instinktiv erfolgen sollten. Es handelt sich im wahrsten Sinne des Wortes um eine rasche, spontane Arbeit des Künstlers. Kneifen Sie ein wenig die Augen zu, wenn Sie einen Ton betrachten. Neigen Sie den Kopf etwas zurück, und vergleichen Sie ihn mit den anderen . . . Hier ein Tupfer mit dem Finger, um ihn aufzuhellen . . . Ein erneuter Vergleich . . . Dann ein rascher Strich mit der Zeichenkohle, um diesen Punkt wieder abzuschatten . . . Haben Sie verstanden, was ich meine? Das Ganze ähnelt ein wenig der Malerei mit Ölfarben, wo der Künstler auch ständig die Nuancen prüft, aufhellt oder abschattet und immer wieder übermalt.

3. Zum Verstärken trägt man die Zeichenkohle unmittelbar auf — sie wird nicht verwischt

Ein solches Verfahren bedeutet natürlich ein etwas groberes, für die Kohlezeichnung jedoch charakteristisches Endergebnis. Es sei erwähnt, daß man von der Kohlezeichnung keine äußerste Harmonie ohne die geringsten Unregelmäßigkeiten und mit absolut perfekten Grautönen oder Abstufungen erwarten darf. Sie ist einfach nicht zu erreichen. Die Kohle ist ein Zeicheninstrument, das eine gewisse Freiheit zuläßt und zum spontanen Zeichnen auffordert. Es macht nichts, wenn man eine bereits verwischte Abstufung noch einmal abschattet, indem man auf die dunkelste Stelle noch einige Striche mit der Zeichenkohle aufträgt und nicht wieder verwischt.

Aber Achtung: Das soeben Gesagte bedeutet nicht, daß man völlig regellos ohne Beachtung der Töne, des Spiels von Licht und Schatten, des Aufbaus etc. zeichnen darf!

Eine Kugel aus einem einzigen Strich

Hier ein interessantes Studienobjekt. Stellen Sie sich eine Bleistiftzeichnung von einer Kugel vor. Sie werden sich daran erinnern, daß man zur Hervorhebung von Licht und Schatten mit Hilfe eines Bleistiftes die Halbtöne, die dunkelste Stelle — die dem Buckel entspricht — und den schwächsten Ton des Spitzlichtes etc. geduldig mit Grau anlegen und abstufen muß. Beachten Sie im Gegensatz dazu, wie außerordentlich leicht und einfach diese Arbeit mit der Zeichenkohle ist.

Führen Sie diese Übung mit mir gemeinsam durch:

35

36

Abbildung 35: Ich zeichne den Umriß der Kugel und die Stelle, die dem „Buckel" entspricht, mit einem einzigen, sehr kräftigen und tiefschwarzen Strich.

Abbildung 36: Mit dem zuvor mit Kohle geschwärzten Mittelfinger — Achtung, ohne Kohle an dem Finger gelingt das Ergebnis nicht! — verwische ich die Linie jetzt heftig.

37

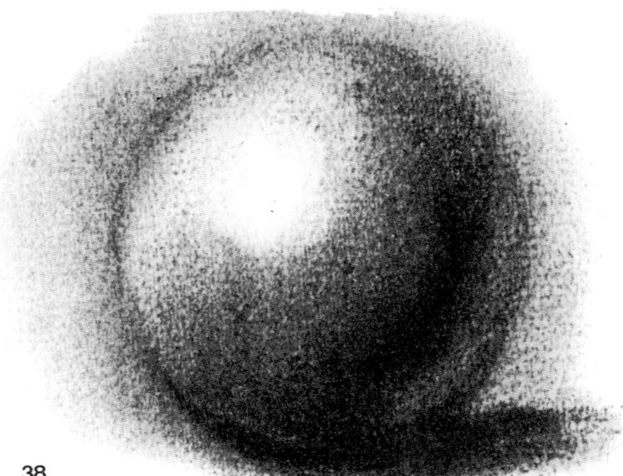

38

Abbildungen 37 und 38: Ich zeichne die Fläche noch einmal mit Kohle, und verwische sie erneut mit dem zuvor mit Zeichenkohle geschwärzten Finger. Ich wiederhole das Verfahren, sooft es nötig ist. Dann beende ich die Ausarbeitung der Kugel. Ich kann mit der Kohle, die ich noch am Finger habe, aber auch jene Stelle, die dem Spitzlicht entspricht und noch das leuchtende Weiß des Papiers behalten hat, etwas grauer werden lassen. Noch besser: Ich verwische die Kontur der Kugel mit dem Finger von innen nach außen und helle sie dadurch auf; oder ich deute die gesamte Form der Kugel durch eine Graunuance an und nicht durch die Umrißlinie (Abb. 38).

Und jetzt behaupten Sie nur nicht, daß die Zeichenkohle nicht ein erstaunliches Ausdrucksmittel ist!

Folgendes müssen Sie von dem bisher Erlernten behalten:

1. Ein Strich läßt sich vollständig verwischen, wenn man ihn mit dem mit Kohle geschwärzten Finger bearbeitet

Um zum Beispiel die Schatten der Weintrauben anzulegen und auszuarbeiten, genügt es, mit der Zeichenkohle einen Strich zu ziehen, der dem „Buckel" des Schattens entspricht, und ihn anschließend mit den Fingern zu verwischen und zu modellieren.

Es ist völlig logisch, daß der Strich des „Buckels" für einen sehr dunklen Schatten sehr intensiv, sehr gesättigt sein muß. Ist der Schatten dagegen hell, zeichnet man nur einen leichten Strich und verwischt ihn ebenso sorgfältig. Das Ganze ist natürlich nicht so einfach, wie es auf den ersten Blick scheint. Aber eines haben Sie ja schon gelernt: Für ein helles Grau zeichnen Sie einen Strich und fahren anschließend mit einem sauberen Finger darüber und wiederholen das Verfahren, bis Sie die gewünschte Nuance erhalten haben.

2. Um eine harte Abstufung zu erhalten, genügt eine sehr dunkle Linie an der dunkelsten Stelle, die man mit dem stark mit Kohle geschwärzten Finger nach außen abstuft, bis das Schwarz zu dem gewünschten Tonwert aufgehellt ist

Legen Sie jetzt unter Berücksichtigung des bisher Erlernten die Schatten des Modells auf dem Apfel, den Weinbeeren und dem Wasserkrug mit Hilfe von Kohlestrichen an, die Sie anschließend mit den Fingern verwischen können.

39

Denken Sie daran, daß man die Zeichenkohle auch flach halten kann (um zum Beispiel rasch das Grau des Hintergrundes anzulegen), und vergessen Sie auch nicht, daß die Finger beim Verwischen, Abschatten und Aufhellen praktisch wie ein richtiger Pinsel eingesetzt werden. Versuchen Sie anschließend, die Formen hervorzuheben und die Kontraste und die Werte anzulegen, bis Sie das auf Abbildung 39 gezeigte Ergebnis erreicht haben.

Beachten Sie schließlich, daß der Radiergummi während dieser Arbeit nicht eingesetzt werden darf.

Zweites Stadium: Die Rohfassung — und eine alte Geschichte

Der Beginn dieses zweiten Stadiums mag Ihnen wie ein schlechter Scherz erscheinen. Man nimmt den Lappen, fährt damit über die Zeichnung und löscht alles wieder aus, als sei das Bisherige mißlungen gewesen.

Sie meinen, ich mache mich über Sie lustig?

Es ist wirklich der normale Weg, und ich rate Ihnen, es ebenso zu halten. Nehmen Sie es nicht als schlechten Scherz, es gehört zum Spiel. In den Unterrichtsstunden in den Akademien der Schönen Künste und den Kunsthochschulen können Sie immer wieder miterleben, daß die Studenten zeichnen und ihre Arbeit auslöschen, von vorn beginnen und auch die neue Zeichnung abwischen.

Ich will nicht behaupten, daß das absolut notwendig ist. Zweifellos ist die erste Skizze manchmal so gelungen, daß es unvernünftig wäre, sie wieder auszulöschen und erneut zu beginnen. Aber das kommt wirklich nur ganz selten vor! Ich bin sicher, daß man beim zweiten Ablauf mit erheblich größerem Selbstvertrauen, als man vermutet, zeichnet. Und bei der zweiten Skizze geschehen einige Dinge . . . Nun, wir werden sehen.

(Entschuldigen Sie, daß ich nochmals darauf hinweise: Folgen Sie dieser Lektion bitte auch in der Praxis, und führen Sie aus, was ich erkläre. Zeichnen Sie also, und wischen Sie alles wieder ab.)

Wir wischen nun die Zeichnung wieder ab. Das kann auf zwei unterschiedliche Weisen geschehen: Entweder schlägt man mit dem Tuch lediglich leicht darüber, als wollte man den Staub von einem äußerst empfindlichen Gegenstand entfernen. Dabei müssen Sie immer vorsichtig von innen nach außen arbeiten. Oder man fährt mit dem Tuch in kreisenden Bewegungen über die Zeichnung, als reinigte man eine Scheibe.

Bei dem ersten Verfahren bleibt das Weiß besser erhalten, auch wenn es unvermeidbar etwas verschmutzt und einen hellen Grauton annimmt. Trotzdem bleiben die Schwarz- und Grautöne deutlich sichtbar; allerdings verlieren sie viel von ihrer Identität.

Beim zweiten Verfahren, dem Kreisen mit dem Tuch, wird die Zeichnung stärker ausgelöscht und vor allem grauer, als hätte man das gesamte Papier tatsächlich mit einem hellen Grauton überzogen. Auf diesem gleichmäßigen Grau erkennen wir jedoch noch die Linienführung des zuvor Gezeichneten.

Ich rate Ihnen, beide Verfahren nacheinander anzuwenden. Schütteln Sie die Zeichnung zunächst sorgfältig, schlagen Sie dann kräftig darauf, und schütteln Sie das Blatt energischer. Reiben Sie anschließend bedenkenlos mit dem Tuch darauf, um das Papier so gut wie möglich zu reinigen und das Gezeichnete zu entfernen.

Sind Sie soweit? Beachten Sie das folgende wichtige Detail: Es ist gut möglich, daß auf Ihrer Zeichnung einige sehr feine Linien oder leichte oder auch stärkere Streifen zu erkennen sind, die manchmal aus richtigen Kratzern bestehen. Es handelt sich tatsächlich um feine Rillen. Sie sind durch die winzigen Plättchen oder das Granulat entstanden, das die Zeichenkohle in sich birgt. Während des Zeichnens verkratzen diese Bestandteile nach und nach das Papier. Beachten Sie diese Tatsache, wenn Sie mit Zeichenkohle malen. Sobald Sie auch nur den geringsten Widerstand spüren, sollten Sie die Kohle leicht drehen, um die beste Seite herauszufinden, die wirklich „malt". Nur so entgehen Sie den nachteiligen Folgen.

Noch eine weitere Unannehmlichkeit kann sich bei der Arbeit mit Zeichenkohle einstellen: Das Auftauchen eines Fingerabdrucks durch einen feuchten Finger, den man vor oder während des Zeichnens auf das Papier gepreßt hat. Wo Feuchtigkeit war, haben sich auch winzige Fettspuren befunden. Und dieses Fett ist vor dem Abwedeln der Zeichnung mit dem Tuch auf dem Papier zurückgeblieben. Es ist fest mit der Unterlage verbunden. Daran bleibt nur eine unbedeutende Menge Kohlestaub hängen, die jedoch ausreicht, damit der Fleck gut sichtbar wird. Ich wiederhole:

Der Schweißfleck

Taucht ein solcher Fleck auf einer großen hellgrauen Fläche auf, ist er nur äußerst schwierig von einer Kohlezeichnung zu entfernen.

Soweit dieses Thema.

Dritter Schritt

Wir kommen jetzt zum angenehmsten Teil des Zeichnens mit Kohle. Zunächst einmal, weil es sich um ein Stadium handelt, bei dem man alles *neu und besser* sieht. Es ist, als ob man sich beim erneuten Vergleich mit dem Modell sagte: „Dort hast du dich getäuscht . . . Dies hier ist schmäler . . . Da hätte die Stelle etwas dunkler sein müssen . . ." etc.

Zum anderen ermöglicht einem das gleichmäßige Grau nach dem Abwedeln der vorigen Zeichnung aber auch, die Kohle jetzt mit den Fingern und dem Radiergummi zu bearbeiten. Versuchen Sie einmal in einer Ecke, eine weiße Fläche mit dem Radiergummi herzustellen . . .

Das geht gut, nicht wahr?

Beginnen Sie erneut mit dem Aufbau Ihrer Zeichnung, und legen Sie jede Linie und jede Form exakt an. Lassen Sie das Grau verschmelzen, und bestimmen Sie die korrekten Tonwerte. Gehen Sie dabei äußerst sorgfältig vor! Arbeiten Sie langsam. Stellen Sie die Werte nach und nach und ohne Eile her.

Hat Ihre Zeichnung schließlich eine angenehme, elegante Form bekommen, die noch kein sehr intensives Schwarz aufweisen sollte, befassen Sie sich zunächst einmal mit den weißen Stellen: den Spitzlichtern des Apfels, den kleinen leuchtenden Punkten jeder einzelnen Weinbeere, dem etwas gedämpfteren Glanz des Wasserkrugs etc. So eine Arbeit macht Spaß, nicht wahr? (Sie sehen dieses Stadium auf Abbildung 40 auf der folgenden Seite.)

40

Auslöschen: Wie macht man das? Welche Rolle spielt der Radiergummi im dritten Stadium?

Ihnen ist bereits bekannt, daß sich die Zeichenkohle mit einem Tuch, einem Radiergummi oder mit den Fingern wieder entfernen läßt. Die Wahl des einen oder anderen Verfahrens hängt von der Größe der zu korrigierenden Stelle und ihrer Lage innerhalb der Zeichnung ab. Handelt es sich um eine große, von der restlichen Zeichnung relativ isolierte Fläche, kann man ohne weiteres ein Tuch verwenden (um zum Beispiel eine Hand oder einen Arm des Modells auf einem glatten Untergrund zu entfernen).Ist die Fläche jedoch kleiner und könnte das Tuch die Umgebung der zu entfernenden Stelle beschädigen, empfieht es sich, einen Radiergummi oder die sauberen Finger zu benutzen.

Bevor man zu radieren beginnt, sollte man sorgfältig allen Kohlestaub entfernen. Sonst würde man die Zeichnung nur verschmutzen, statt den Fehler auszumerzen. Das Entfernen dieses Staubs geschieht durch einfaches Berühren mit dem Finger oder durch „Abheben" mit dem Gummi, indem man damit — ohne zu reiben — auf die Zeichnung tippt. Wiederholen Sie diesen Vorgang, bis der Tonwert eindeutig schwächer geworden ist.

Anschließend müssen Sie noch alle Rückstände des Radiergummis vom Papier entfernen, ohne die Zeichnung mit den Fingern zu beschädigen. Wie das geschieht? Mit der Hand? Durch darüberblasen? Es gibt dafür keine absolut perfekte Lösung. Am besten gelingt es, indem man vorsichtig mit dem Finger über das Papier fährt und ganz, ganz leicht darauf reibt . . . Es kann auch helfen, wenn man zunächst ganz vorsichtig und anschließend etwas stärker auf die entsprechende Stelle bläst . . . Doch das geht häufig daneben, so daß einem nichts anderes übrig bleibt, als die Nuancen zu verstärken und zu retuschieren. Eine andere Lösung gibt es nicht.

Doch der Radiergummi hat nicht nur negative, schwer zu beherrschende Eigenschaften. In diesem zweiten Teil unserer Arbeit wird er zu einem Werkzeug, mit dem sich überraschende Wirkungen beim Aufhellen der Nuancen, Abschwächen eines Tonwertes, Betonen eines Reflexes und Zeichnen — oder besser Malen — von leuchtenden Stellen oder Licht erzielen lassen. Das geschieht nicht etwa, indem man radiert, wie man annehmen könnte. Nein, man reibt entweder je nach den Umständen mit der flachen Seite oder mit der sorgfältig zurechtgeschnittenen Ecke des Gummis darüber. Man kann sogar Linien damit ziehen, als handele es sich um die Kohle selbst. Das geschieht äußerst behutsam, denn die Kohle soll an den bearbeiteten Stellen nicht vollständig entfernt werden. Der Gummi ist anschließend so schwarz wie der Finger, behält jedoch die Eigenschaft aufzuhellen bei, da er weder Feuchtigkeit noch Fett enthält.

Betrachten Sie den Radiergummi jedoch nicht als ein Grundwerkzeug, mit dem sich richtig zeichnen läßt. Ist Ihre Zeichnung einmal viel zu dunkel geworden, haben Sie das Blatt zu stark „verkohlt", wie man so schön sagt, rechnen Sie bitte nicht damit aus, daß sich das mit dem Gummi schon wieder ausgleichen läßt. Sie würden doch nur alles verschmutzen. In solch einem Fall ist es besser, die Zeichnung mit dem Tuch wieder abzuwischen und von vorn zu beginnen. Der Radiergummi sollte ausschließlich ein Hilfsmittel bleiben, um begrenzte Flächen aufzuhellen, leuchtende Punkte zu zeichnen, Töne innerhalb von Reflexen abzumildern etc. Mehr kann er jedoch nicht.

41

Stimmen Sie jetzt die schwarzen Tonwerte genau ab, und freuen Sie sich darüber, wie die Körper Form annehmen. Verstärken Sie anschließend die Kontraste, um die gesamte Farbgebung zu bereichern.

Ein Vergleich von Abbildung 40 mit den Abbildungen 41 und 41a zeigt Ihnen die merklichen Nuancen zwischen einer hellen und einer ausgesprochen dunklen Anlage der Zeichnung, die Sie während Ihrer Arbeit erzielen können. An Ihnen ist es, Ihrer Zeichnung einen persönlichen Akzent zu verleihen.

41a

Bei dieser Illustration handelt es sich um einen vergrößerten Ausschnitt von Abbildung 41.

Technik und Möglichkeiten der Kohlestiftzeichnung

Wir wollen uns jetzt mit dem Kohlestift befassen.

Wie wir bereits gesehen haben, ist die Zeichenkohle empfindlich und kurzlebig. Mit dem Kohlestift verhält es sich anders. Sein Strich ist nicht so einfach mit dem Radiergummi zu entfernen.

Er ist tief schwarz, stabil und fest. Er hat allerdings auch vieles mit der Zeichenkohle gemeinsam. So hinterläßt er ebenfalls winzige Staubpartikel auf dem Papier und verschmutzt äußerst leicht. Aus diesem Grund liefert der Kohlestift Striche in einer sehr breiten Tonwertskala.

Hier seine wesentlichen Vorteile:

1. **Der Kohlestift ist stabiler als die Zeichenkohle.**
2. **Der Kohlestift ergibt ein sehr intensives Schwarz.**
3. **Der Kohlestift ermöglicht wesentlich differenziertere Kontraste als jedes andere künstlerische Ausdrucksmittel.**

Der Kohlestift ist stabil. Diese Stabilität liegt in etwa in der Mitte zwischen der des Bleistiftes mit einer Graphitmine und der Zeichenkohle. Der Kohlestift besitzt nicht die gleiche Haftung auf dem Papier wie der Graphit, der sich manchmal jedem Verwischen widersetzt; er ist jedoch auch nicht so instabil wie die Zeichenkohle, mit der sich die Nuancen äußerst leicht erreichen lassen. Verwischen Sie also ein Grau, das mit einem Kohlestift angelegt wurde, bleibt der Ton erhalten, auch wenn er nur durch das Darüberfahren mit einem mit Kohlestift geschwärzten Wischer entstanden ist.

Er ist tief schwarz. Hierbei handelt es sich um ein samtartiges mattes Schwarz ohne jeden Glanz oder Reflexe. Es ist dunkler als das Schwarz des Bleistiftes und schwärzer als die Zeichenkohle selbst. Dadurch liefert er eine wesentlich breitere Tonwertskala.

Er ist verreibbar, dehnbar und sehr geschmeidig. Dadurch lassen sich eine Vielzahl von Nuancen und auch die geringsten Unterschiede in den Linien, den Grautönen, den Abstufungen oder Tonwerten herstellen.

Nicht umsonst ist der Kohlestift das geläufigste Werkzeug, um zeichnen zu lernen; und das ist bekanntlich der erste Schritt zur Malerei.

Mit dem Kohlestift werden im Gegensatz zur Arbeit mit der Zeichenkohle nicht in erster Linie Skizzen angefertigt. Hier handelt es sich vielmehr um endgültige, wenn auch nicht fotografische, so doch zumindest sehr realistische Zeichnungen. Und die wollen wir jetzt näher untersuchen. Der persönliche Ausdruck, der Charakter und der Stil kommen später hinzu und werden um so besser, je stärker es einem gelingt, die Proportionen und die Ähnlichkeit mit dem Modell getreulich wiederzugeben.

Nachdem uns jetzt die Eigenschaften und Vorzüge des Kohlestiftes bekannt sind, wollen wir uns mit der besonderen Arbeitsweise für dieses Ausdrucksmittel befassen.

Die Stellung des Künstlers und die Haltung des Stiftes

Da der Strich des Kohlestiftes längst nicht so leicht verwischt wie der Kohlestrich, kann man mit dem Kohlestift beinahe genauso arbeiten wie mit einem sehr weichen Bleistift. Das bedeutet:

Wir können in geringer oder größerer Entfernung vom Zeichenbrett arbeiten und uns dabei aufstützen oder die Hand frei halten.

Wir können den Stift je nach Notwendigkeit entweder wie einen Bleistift oder wie ein Stück Zeichenkohle halten.

Ich habe vorhin schon erwähnt, daß der Kohlestift die unangenehme Eigenschaft besitzt, einen feinen Kohlestaub auf dem Papier zu hinterlassen. Aus dieser Brüchigkeit und Zerreibbarkeit ergeben sich ja die herrlichen Nuancen. Nur neigt der Stift aus demselben Grund auch zum Verschmutzen der Zeichnung. Können Sie sich vorstellen, was geschieht, wenn die Finger sich auf das Papier stützen und die Hand ständig hin- und herfährt? Hier gibt es nur eine Möglichkeit:

Zeichnen Sie immer mit einem Schutzpapier unter der Hand.

Achten Sie darauf, daß dieses Papier die Zeichnung nicht verschmutzt. Bewegen Sie es so wenig wie möglich, und wechseln Sie es aus, sobald es selbst verschmutzt ist. Man kann allerdings auch ohne ein Schutzblatt und ohne die Finger aufzustützen mit dem Kohlestift zeichnen. Das tut — und kann — der echte Profi.

Benutzung der Finger und der Wischer

Grundsätzlich lassen sich unterschiedslos sowohl die Finger als auch die Wischer verwenden. Die Praxis wird Ihnen jedoch bald beweisen, daß es bequemer und sauberer ist, mit dem Wischen statt mit den Fingern zu arbeiten. Verwischen Sie einmal einige Grautöne und ein paar intensive Schwarzflächen mit den Fingern. Dann begreifen Sie rasch, daß die „Übertragungsgefahr" hier viel stärker ist als bei der Arbeit mit Zeichenkohle. Der Kohlestift ist erheblich stabiler, und er ist unendlich schwarz!

Arbeiten Sie also vorzugsweise mit Wischern. Benutzen Sie immer zwei oder drei gleichzeitig, als handele es sich um Pinsel für unterschiedliche Farben. Reservieren Sie einen für die hellen Tonwerte, und lassen Sie die anderen für die mittleren und dunklen Töne, die Spitze des einen für stärkere Nuancen etc.

Die Wischer müssen während der Arbeit von Zeit zu Zeit gereinigt werden. Dazu reibt man sie einigemal auf dem Schutzblatt für die Hand oder auf einem Extrablatt hin und her. Auf ein solches Blatt Papier sollte man auch mit Kohlestift eine sehr gesättigte schwarze Fläche malen, von der man dann die „Farbe" mit dem Wischer aufnimmt.

Um ein sehr helles Grau abzustufen, zu verwischen oder den Tonwert ganz leicht zu verstärken, kann man allerdings tatsächlich gut die Finger benutzen. Die Fläche darf aber weder zu groß noch zu winzig sein.

Zeichnen mit dem Wischer

Direkt mit dem Wischer lassen sich mehr oder weniger diffuse, leichtere aber auch intensive Umrisse zeichnen. Man kann damit Kohle einem Teil der Zeichnung entnehmen und woanders wieder auftragen. Außerdem ist es möglich, einen Grauton leicht abzuschwächen, vorausgesetzt, er ist noch nicht zu stark verwischt. Dazu drückt man mit einem Finger oder einem sauberen Wischer kurz auf die Zeichnung. Das Verfahren entspricht dem für eine Kohlezeichnung, hat hier jedoch eine schwächere Auswirkung.

Kohlestift und Radiergummi

Natürlich lassen sich die Umrisse mit Kohlestift nicht einfach durch Darüberwischen mit einem Lappen oder Reiben mit den Fingern entfernen. Hier benötigt man ebenso wie beim Zeichnen mit der Bleistiftmine einen Radiergummi. Allerdings ist erheblich größere Vorsicht geboten, weil die Kohle das Papier leicht verschmutzt.

Ein intensives Schwarz, das mit dem Kohlestift angelegt wurde, läßt sich nicht verwischen. Es ist auch nur schwer mit dem Radiergummi zu entfernen. In solchen Fällen verhält sich der Radiergummi im Grunde wie ein Wischer. Er absorbiert die Kohle und verbreitet sie über das Papier. Ist das Schwarz wirklich sehr dicht, kann man noch so häufig mit dem Radiergummi darüberfahren: Es bleibt immer eine Spur davon zurück.

Mit dem Gummi läßt sich tatsächlich zeichnen. Man kann leuchtende Tonwerte erhalten und auch Grautöne aufhellen. Das geht aber viel leichter, wenn die zu bearbeitende Fläche nicht direkt mit dem Kohlestift bemalt worden ist.

Schüttelt man ein Blatt mit einer Kohlezeichnung, um die kleinen Rückstände, die an dem Papier haften geblieben sind, zu entfernen, läuft man Gefahr, die gesamte Zeichnung zu beschädigen. Dieses Problem gibt es bei einer Zeichnung mit Kohlestift nicht. Über sie kann man gefahrlos blasen und selbst mit dem Finger hinweggleiten, vorausgesetzt, die betreffenden Stellen sind bereits verwischt.

Allgemeine Hinweise zur Herstellung einer Zeichnung mit dem Kohlestift

1. Kohlezeichnung ohne Zuhilfenahme des Bleistiftes

Das erste Stadium besteht — wie Ihnen bekannt — darin, das Modell mit Zeichenkohle zu zeichnen, es aufzubauen und die unterschiedlichen Tonwerte zu untersuchen. In diesem Zusammenhang sei darauf hingewiesen, daß man den Aufbau und die Untersuchung der Werte besser nicht mit einem Bleistift vornimmt, denn:

Die Kohle gleitet über den Bleistiftstrich hinweg.

Die Kohle malt nicht darauf, oder zumindest nur unter Schwierigkeiten. Es ist, als stieße der Graphit sie ab.

2. Und nun der zweite Schritt

Ist die Skizze mit der Zeichenkohle fertig und mit einem Lappen wieder abgewedelt, beginnen wir mit der Arbeit mit dem Kohlestift. Wir bauen die Linien zunächst äußerst sorgfältig auf und zeichnen gleichzeitig die intensivsten Schatten des Modells. Ganz nach Wunsch kann der Künstler dabei den Kohlestift wie einen Bleistift oder wie ein Stück Zeichenkohle halten. Grauflächen und Abstufungen verlangen dagegen fast immer, daß der Stift innen in der Hand liegt.

3. Untersuchung der Tonwerte mit dem Kohlestift

In diesem Fall ist es sehr wichtig, nicht zuviel des Guten zu tun. Das heißt, man sollte nicht dazu neigen, große Grauflächen völlig mit dem Kohlestift anzulegen, denn es ist wesentlich einfacher, den Ton und die genaueste Nuance direkt mit dem Wischer zu suchen. Außerdem sollte man es vermeiden, die Tonwerte zu rasch anzulegen. Dunkeln Sie die Töne nach und nach ab, und sparen Sie sich das Schwärzen und die endgültige Harmonie der Tonwerte für später auf.

4. Das vollständige, intensive Verwischen

Von dieser Phase hängt das Gelingen der Zeichnung entscheidend ab. Eine gute Kohlezeichnung muß wirklich gründlich verwischt sein, denn erst durch das Verwischen erreicht der Künstler ohne jeden Überschuß an Kohle die genannten Werte. Er setzt genau die richtige Menge ein, die zur vollständigen Darstellung seines Modells nötig ist. Auf diese Weise erhält er eine ordentliche, saubere, vollkommene Arbeit.

5. Die Stufe der Entfaltung

Verwischt man das ganze Werk ohne Zuhilfenahme des Kohlestiftes, breiten die Wischer und die Finger die schwarzen Flächen weiter aus und übertragen die Kohle auf die helleren Flächen. Man erhält dadurch eine Zeichnung, auf der es beinahe kein reines Weiß mehr gibt. Das ganze Werk wirkt etwas verschwommen, ohne feste Begrenzungen und präzise Umrisse.

6. Abschlußarbeiten

Endlich kommen wir zu den Abschlußarbeiten für die Harmonie des Ganzen. Ähnlich wie bei der Technik für die Bleistiftzeichnung darf man hierfür einen Ton direkt mit dem Kohlestift verstärken und anschließend wieder verwischen. Man kann die Kohle zum Beispiel anspitzen, um gewisse Linien und Formen kleinen Formats zu betonen, oder einen Wischer mit sehr feiner Spitze einsetzen; man verstärkt das Schwarz, wo es notwendig ist, schafft Kontraste, intensiviert die Wirkung der Atmosphäre etc. Dabei hat man immer auch den Radiergummi zur Hand, um hier einen Ton aufzuhellen, dort eine Fläche brillanter zu gestalten etc. Allgemeine Sauberkeit, allgemeine Harmonie . . .

So heißt es in der Theorie. Doch in der Praxis . . .

42

Die Praxis der Kohlezeichnung

Erste vollständige Übung

Am Ende dieses Buches finden Sie an die letzte Seite geklebt eine zwei Blätter mit drei Fotografien. Sie zeigen die Totenmaske des Komponisten Ludwig van Beethoven aus der Dreiviertelperspektive und von vorn sowie das Porträt eines jungen Mädchens. Nehmen Sie diese Seiten bitte heraus, denn sie sollen Ihnen als Vorlage zum Erlernen der Arbeit mit der Zeichenkohle und der Rötelkreide dienen.

Wir beginnen mit der Maske Ludwig van Beethovens aus der Dreiviertelperspektive. Auf den Seiten 54 und 55 sehen Sie die Reproduktion einer Zeichnung, die ich nach der Fotografie für dieses Buch angefertigt habe, um die Übung Schritt für Schritt zu erklären.

Haben Sie sich das Bild angesehen? Was halten Sie davon? Wie gefällt Ihnen die Übung?

Mögen Sie diese Sicht auf den Kopf von Beethoven?

Fast alle Porträts, die wir von dem großen Komponisten kennen, sind von vorn gemalt worden. Sie zeigen ein verkniffenes Gesicht mit einem verächtlichen Zug um die Lippen, eine große flache Nase und Kinnbacken, die breiter sind als die Wangenknochen . . .

Es handelt sich heute um unsere erste Übung. Und da es nicht einfach ist, ein Gesicht direkt von vorn zu zeichnen, haben wir uns für die Dreiviertelperspektive entschieden. Stellen wir unser Modell also auf, und setzen wir uns im entsprechenden Abstand davor.

Abbildung 43: Die halbgeöffnete, aufgestellte Zeichenmappe bildet eine gute Stütze für das Modell.

Abbildung 44: Die Lage der Lichtquelle im Verhältnis zum Modell, zum Zeichenbrett und zu Ihnen. Lehnt sich der Künstler etwas zurück, kann er mit einem Blick die Zeichnung und das Modell umfassenund mit ausgestrecktem Arm zeichnen.

Allgemeine Hinweise

Stellen Sie Ihr Modell wie auf Abbildung 43 gezeigt auf, und strahlen Sie es mit einer beweglichen Lampe an.

Betrachten Sie jetzt die Lage der Lichtquelle im Verhältnis zum Modell und zu Ihnen. Sie muß sowohl das Modell als auch das Zeichenpapier, auf dem Sie arbeiten wollen, beleuchten.

Überprüfen Sie auch Ihre Stellung und Ihren Abstand zum Modell. Sie sollten etwas zurückgelehnt arbeiten, so daß Sie den Arm beim Zeichnen ausstrecken müssen. Dadurch können Sie das Modell und die Zeichnung mit einem Blick umfassen, ohne jemals den Kopf heben oder senken zu müssen.

Ist alles bereit? Das Zeichenbrett mit dem Ingres-Papier, das mit Heftzwekken befestigt ist, ruht auf Ihren Knien und ist gegen die Tischkante gelehnt. Zeichenkohle, ein Tuch und ein Radiergummi liegen in Reichweite.

Der erste Teil der Arbeit besteht darin, die Zeichnung aufzubauen und das Modell zu skizzieren. Sie arbeiten ausschließlich mit Zeichenkohle und ziehen die Umrisse nicht allzu stark. Halten Sie die Striche so leicht wie möglich. Benutzen Sie in diesem Stadium ein sauberes weiches Stück Stoff zum Abwedeln. Wedeln Sie sorgfältig über das Papier, oder reiben Sie vorsichtig darauf. Vermeiden Sie jedoch soweit wie möglich die Verwendung des Radiergummis.

Sie sollen Beethovens Kopf genauso zeichnen, wie er auf Seite 54/55 abgebildet ist, also 26 cm hoch und 17 cm breit. Auf den obigen Abbildungen sehen Sie eine Zusammenfassung des Verfahrens, damit das Umzeichnen, die Skizze und der Aufbau des Kopfes gelingen.

Abbildung 45: Der Eingangsrahmen

Hier geht es in erster Linie darum, ein Rechteck zu zeichnen, das das Modell einschließt: Man könnte also sagen, wir stecken Beethovens Kopf in einen Rahmen. Beachten Sie, daß die Maße dieses Rahmens auf Abbildung 45 folgende Proportionen besitzen: Die Höhe entspricht dem eineinhalbfachen der Breite. Zeichnen Sie diesen Rahmen vorab nach Augenmaß, und teilen Sie ihn in der Mitte einmal waagerecht und einmal senkrecht, so daß ein Kreuz entsteht.

Abbildung 46: Anpassung des Eingangsrahmens

Anschließend muß der Rahmen den äußeren Umrissen von Beethovens Maske angepaßt werden. Ziehen Sie dazu aus der freien Hand jene Linien, die Sie auf Abbildung 46 sehen (die deutlichsten und dicksten). Beachten Sie, daß die Länge, der Neigungswinkel und die Lage der Linien nach Augenmaß berechnet werden müssen. Dabei stützt man sich auf den Eingangsrahmen. Ein Beispiel: die Linie A, die beim Punkt bzw. Schnittpunkt B (Hälfte der Höhe des Rahmens) beginnt und bei Punkt C (Viertel der Rahmenbreite) endet.

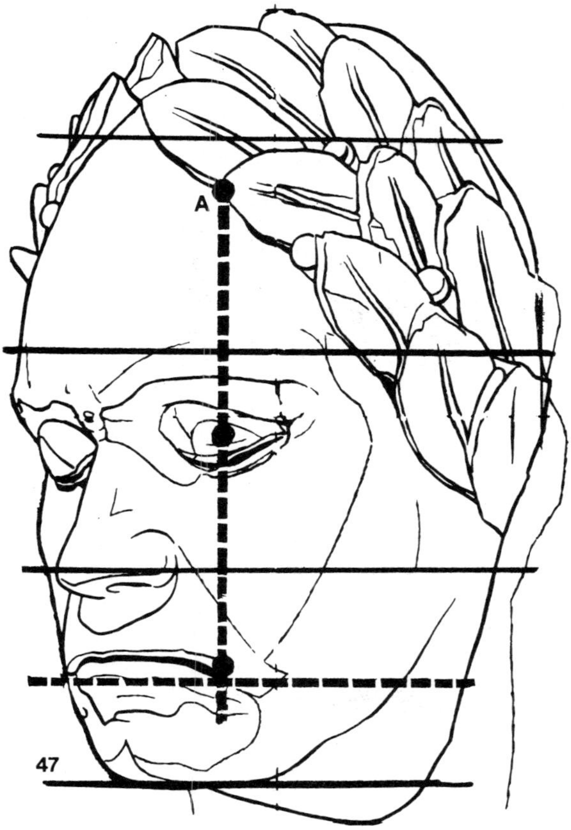

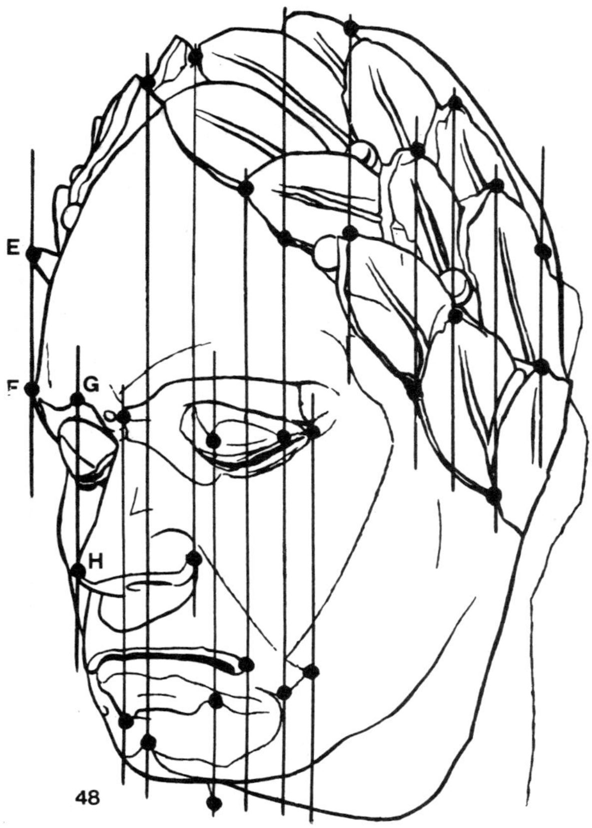

Abbildung 47: Beispiel für die Berechnung der Abstände und Proportionen

Die Berechnung der Abstände und Proportionen oder — was auf dasselbe hinausläuft — die Kunst des Zeichnens beruht im Prinzip auf dem Vergleich der Formen, der Entfernungen, der Länge, der entsprechenden Striche etc. Sie erkennen zum Beispiel, daß sich der Umriß der Unterlippe genau in der Mitte zwischen dem unteren Rand der Nase und der äußersten Kinnspitze befindet und daß dieser Abstand zwischen der Nase und dem Kinn dem des Haaransatzes zu den Brauen und der Augenbrauen zum unteren Nasenrand entspricht. Sie müssen unablässig vergleichen. Es ist zum Beispiel gar nicht so schwer zu erkennen, daß die äußerste Spitze des Lorbeerblattes (Punkt A) durch eine gestrichelte Senkrechte mit dem Mittelpunkt des Auges verbunden werden kann, die dann weiter durch den Mundwinkel läuft.

Abbildung 48: Suchen Sie die Anhaltspunkte auf derselben Höhe, um den Aufbau zu präzisieren und abzusichern

Je fortgeschrittener die Zeichnung ist, desto wichtiger wird es, nachzuprüfen, ob alle Maße in ihrer Berechnung harmonieren und die Abstände und Proportionen richtig bestimmt wurden. Wenden Sie für diese Kontrollarbeit das System der senkrechten Linien an. Suchen Sie also Anhaltspunkte, aufgrund derer sich die Lage, die Formen und die Abstände präzisieren lassen. Das ist ganz einfach. Die Linie von Punkt E (der der Spitze eines Lorbeerblattes

49

50

entspricht) reicht genau bis oberhalb von Punkt F (der herausragendsten Stelle der Stirn). Von Punkt G (auf der leichten Neigung der Augenbraue) fällt eine Linie senkrecht zu Punkt H (der Nasenspitze).

Dieses Spiel läßt sich ebenfalls mit einer ganzen Reihe von waagerechten Linien anstellen, mit denen man die Maße überprüfen und präzisieren kann.

Abbildung 49: Die Anlage der Schatten

Zeichnen Sie jetzt ohne zu verwischen und ohne Benutzung des Radiergummis in der diagonalen Richtung mit Zeichenkohle die Schatten des Modells. Bemühen Sie sich, gleichzeitig Kontraste zu schaffen. „Malen" Sie also die dunkelsten Flächen, und lassen Sie die hellen Zonen unberührt, denn die gewünschten Töne lassen sich anschließend unschwer mit den Fingern erreichen.

Abbildung 50: Verwischen und schrittweise Ausarbeitung

Jetzt geht es darum, die Schatten mit der Zeichenkohle zu modellieren und die Werte herauszuarbeiten. Benutzen Sie dazu nicht den Radiergummi, sondern verwischen Sie die Kohle zunächst mit den Fingern. Dabei entstehen bereits unterschiedliche Werte. Behalten Sie jedoch noch eine kontrastreiche Zeichnung. Wenden Sie hier das bisher Erlernte an. Als Sie einen Apfel und eine Kugel zeichneten, haben Sie erfahren, daß Linien sich abstufen lassen, indem man einfach mit dem Finger darüberfährt, und daß man die Töne aufhellt, indem man ganz vorsichtig mit dem sauberen Finger darüberwischt. Schließlich gibt es noch die Verbindung des Verwischens mit unterschiedlich stark mit Kohle geschwärzten Fingern . . .

51

52

Abbildung 51: Auslöschen und neuer Aufbau

Wischen Sie jetzt die Zeichnung wieder ab, indem Sie weich und vorsichtig darüberwedeln oder -reiben. Es geht nur darum, den feinen Kohlestaub zu entfernen, damit Sie nun mit dem Kohlestift die endgültige Zeichnung anfertigen können. Ist Ihre Zeichnung schon sehr ähnlich, brauchen Sie sie nur wenig abzuwischen. Ist sie dagegen mißraten, löschen Sie sie stärker aus. Überprüfen Sie in jedem Fall während des Zeichnens mit dem Kohlestift noch einmal alle Maße und Proportionen. Wiederholen Sie das Verfahren, falls nötig.

Abbildung 52: Endgültiger Aufbau mit dem Kohlestift

Ihre Zeichnung ist jetzt ziemlich grau in grau und weist nur noch schwache Kontraste auf. Dies ist das ideale Stadium, um weiße Flächen mit dem Radiergummi herzustellen, die Töne zu verstärken und das Ganze während des Zeichnens mit dem Kohlestift direkt aufzubauen.

Gehen Sie dabei folgendermaßen vor: Beginnen Sie mit der Herstellung der weißen Flächen. Dabei können Sie jetzt furchtlos die kleinen Überreste des Gummis vom Papier stäuben. Zeichnen Sie anschließend mit einem angespitzten Kohlestift geduldig die Schatten. Benutzen Sie dazu kleine, leicht spiralförmige Striche, und bemühen Sie sich stets um Harmonie. Ich wiederhole: Bemühen Sie sich um Harmonie, indem Sie die Grautöne absolut gleichmäßig abstufen.

Bleiben Sie immer ein wenig unterhalb des absolut Erreichbaren! Das heißt, legen Sie mit Ihrem Kohlestift kein sehr intensives Schwarz an. Bleiben Sie innerhalb der mehr oder weniger dunklen Grautöne, die Sie aber noch nicht verwischen.

53

In diesem Stadium sollte man einen sehr sicheren Aufbau und daher eine gelungene Zeichnung erreicht haben. Die weißen Flächen und die leuchtenden Stellen befinden sich genau an der richtigen Stelle. Die gesamte Tonalität ist ziemlich hell.

Abbildung 53: Verwischen und endgültige Ausarbeitung

Arbeiten Sie langsam und mit einem Schutzblatt unter der Hand. Benutzen Sie sowohl die Finger als auch die Wischer. Und zwar jene Wischer mit einer sehr feinen Spitze, die Sie selbst hergestellt haben. Zeichnen Sie anschließend mit dem Kohlestift, und betonen Sie manche Stellen. Setzen Sie auch den Radiergummi ein.

Verwischen Sie als erstes die dunkelsten Stellen. Reinigen Sie anschließend den Wischer, und bearbeiten Sie die helleren Flächen. Achten Sie immer darauf, daß der Wischer gereinigt werden muß. Tauschen Sie ihn eventuell aus. Die Finger können vor allem bei den hellen oder den sehr hellen Stellen beim Verwischen behilflich sein. Generell sollten Sie aber die Wischer benutzen.

Abbildung 54: Letzte Handanlegung und Abschlußarbeiten

In technischer Hinsicht läßt sich die Schlußphase der Kohlestiftzeichnung in allen Punkten mit der Bleistiftzeichnung vergleichen. Ich empfehle Ihnen hier insbesondere:

54

Vermeiden Sie ein exzessives Schwärzen, und verwenden Sie große Sorgfalt auf ein völliges Gleichgewicht innerhalb der Bewertung der Farbtöne.

Dieses Gleichgewicht muß während Ihrer Arbeit zu einer Art fixen Idee werden. Hüten Sie sich stets vor einem Zuviel an Schwarz. Aber zögern Sie nicht, Ihre ganze Energie auf jene Stellen zu verwenden, deren Werte tatsächlich ein intensives Schwarz erfordern.

Überwachen Sie gleichzeitig die Kontraste, und vergessen Sie nicht, daß ein exzessives Schwärzen zur Monotonie innerhalb der dunklen Töne führt. Es sei allerdings auch daran erinnert, daß ein völliges Fehlen von dunklen Tönen der Zeichnung ebenfalls abträglich ist. Betrachten Sie die Reproduktion meines Endergebnisses auf der folgenden Seite. Sie werden feststellen, daß dort eine erhebliche Differenzierung der Töne herrscht.

„Zeichnen“ Sie nicht zuviel Weiß mit dem Gummi.

Versuchen Sie schließlich, eine *Atmosphäre* zu schaffen. Beseitigen Sie alle Härten, starken Winkel und zu betonten Konturen. Verwischen Sie vor allem jene Konturen leicht, die sich im Schatten befinden, und versuchen Sie, dadurch ein Gefühl von Weite, von Atmosphäre und Tiefe zu erzeugen.

Verwenden Sie große Sorgfalt auf diese Schlußarbeiten. Hängen Sie Ihre Arbeit anschließend auf, und sehen Sie sich Ihr Werk an. Herzlichen Glückwunsch!

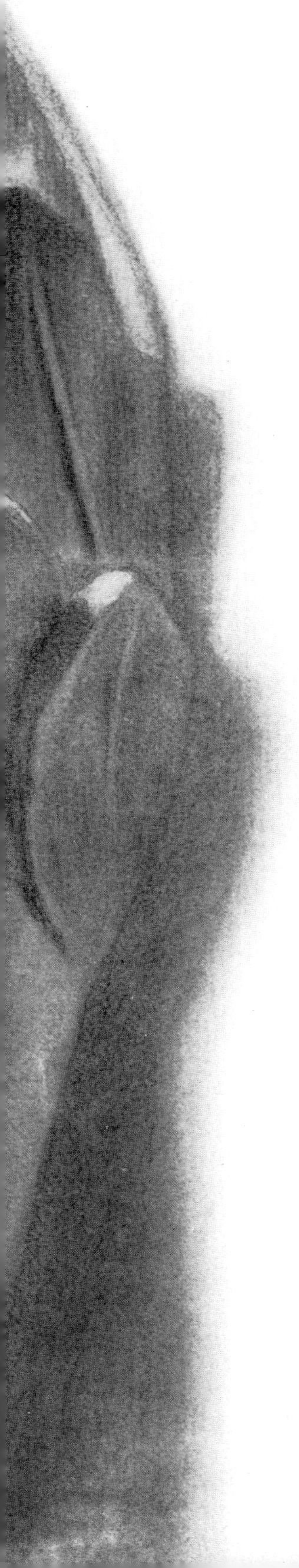

55 Abbildung 55: Hier die fertige Zeichnung einer Maske des Komponisten Ludwig van Beethoven mit Zeichenkohle auf Ingres-Papier. Versuchen Sie, dieses Modell in denselben Maßen wiederzugeben. Dadurch lernen Sie die zahlreichen Möglichkeiten der Zeichenkohle und des Kohlestiftes am besten kennen.

56

Abbildung 56: Wagen Sie sich an eine weitere Übung, und zeichnen Sie Beethovens Maske nun von vorn. Auf den folgenden Seiten finden Sie die notwendigen Hinweise, um diese Übung zu einem guten Ende zu führen.

Zweite vollständige Übung

Noch einmal Beethovens Maske, diesmal von vorn gesehen. Das ist schwierig, entspricht aber stärker dem Komponisten. Wieder haben Sie eine Vorlage in Form einer Fotografie zur Hand. Zum Nachschlagen steht Ihnen ebenfalls die Reproduktion meiner eigenen Arbeit, eine Kohlestiftzeichnung von Beethovens Maske, von vorn gesehen, auf den Seiten 56 und 57 zur Verfügung.

Wir begegnen hier demselben Aufbauproblem wie bei der Zeichnung des Kopfes aus der Dreiviertelperspektive, und wir begegnen auch denselben Schwierigkeiten, die nun einmal bei der Verwendung von Zeichenkohle auftreten. Deshalb braucht über diese Themen nicht mehr viel gesagt zu werden. Wir behandeln statt dessen ausführlich einige spezielle Punkte dieser Übung.

Erstes Stadium: Der Aufbau

Ich gehe davon aus, daß Ihnen der Kanon (1) des menschlichen Kopfes bekannt ist. Sie wissen also, daß dieser Kanon den Idealmaßen eines Kopfes entspricht.

Natürlich weist der Kopf eines jeden Menschen leichte Abweichungen von diesem Kanon auf . . . Trotzdem bleibt der Kanon zu Beginn der Proportionierung der Züge eines Gesichtes nützlich und hilfreich.

Das ist auch bei Beethovens Maske der Fall. Wenden wir bei ihr den Kanon an, stellen wir fest, daß sich an manchen Stellen Abweichungen ergeben (Abb. 57 und 58).

---

(1) Sie können den Kanon des menschlichen Kopfes anhand eines weiteren Titels dieser Buchreihe studieren: „Wie zeichne ich einen menschlichen Kopf und ein Porträt". Der Kanon läßt sich so definieren: Er bestimmt die Regeln und die Ordnung, nach denen sich die Proportionen und die Maße des menschlichen Kopfes auf der Basis eines Grundmaßes ermitteln lassen.

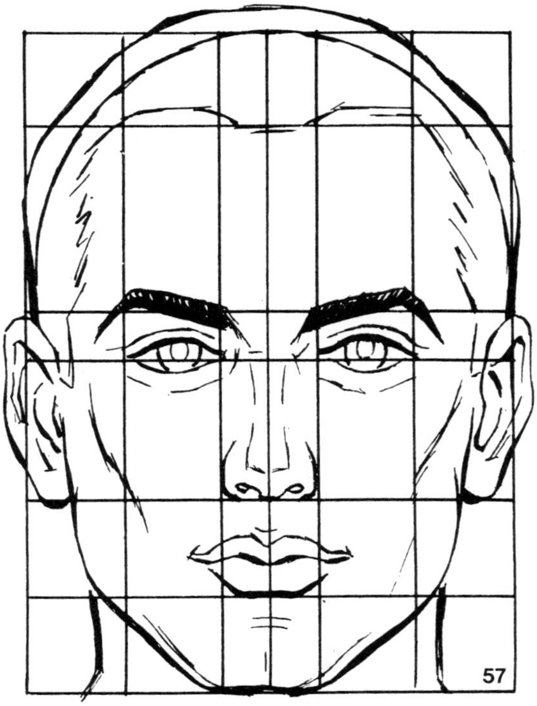
57

58

Beachten Sie die Abweichungen der Maße in Beethovens Gesicht von den idealen Proportionen des Kanons. Diese Abweichungen sind es, die jedem Gesicht den persönlichen Charakter verleihen. In Beethovens Gesicht können wir zum Beispiel eine „unproportioniert" breite Nase und einen zu breiten Kiefer feststellen, die für die Physiognomie des großen Komponisten bezeichnend sind.

So stellen wir zum Beispiel fest, daß der Abstand zwischen einem Auge und der Mittelachse des Gesichtes bei den beiden Augen nicht ganz gleich ist, wie es der „ideale" Kopf (Abb. 57) fordert. Wir sehen, daß die Augen nicht genau in der Mitte des Gesichtes liegen, daß der untere Teil der Nase nicht exakt mit der ersten Unterteilung des Gesichtes übereinstimmt, daß die Nase zu lang ist etc. . .

Trotz dieser Feststellungen rate ich Ihnen, das Bild ausgehend von dem geometrischen Schema des Kanons zu beginnen. Dieses Schema liefert Ihnen einen Rahmen, in den Sie das Gesicht ganz leicht einfügen und rasch zeichnen können, ohne dabei die idealen Proportionen des menschlichen Kopfes aus den Augen zu verlieren.

Den Rest überlasse ich Ihnen. Die Vorlage in Form der Fotografie und das Bild, das ich selbst mit Zeichenkohle angefertigt habe (Seiten 56 und 57), dürften ausreichen, um den Aufbau der Zeichnung zu lösen.

Die folgenden Schritte bis zu den Schlußarbeiten

Halten Sie sich hinsichtlich der Anlage der Schatten, des Verwischens und der schrittweisen Herausarbeitung der Tonwerte der Zeichnung völlig an das, was ich bereits bei der ersten vollständigen Übung gesagt habe.

Gestatten Sie mir jedoch, auf einige wesentliche Punkte bei der Herstellung einer Kohlestiftzeichnung hinzuweisen, die sich bei der Korrektur der Arbeiten zahlreicher Studenten, die diese Übung ebenfalls ausführten, herauskristallisiert haben.

Was man beim Zeichnen mit Zeichenkohle nicht tun sollte . . .

Vernachlässigen Sie die Einzelheiten nicht

Die Arbeit mit Zeichenkohle ist die Vorstufe zur Malerei. Man kann ohne den minutiösen Strich, der sich beim Zeichnen mit dem Bleistift ergibt, rasch große Flächen füllen. Ob es einem paßt oder nicht: beim Zeichnen mit dem Bleistift benötigt man mehr Geduld und mehr Zeit. Die Möglichkeit der raschen Arbeit mit der Zeichenkohle verleitet dazu, die Einzelheiten zu vernachlässigen, nur „künstlerisch“ zu zeichnen und sich von der Leichtigkeit, eine Fläche zu füllen, zu schwärzen und alles wieder löschen zu können, fortreißen zu lassen. Ist der Zeichner bereits ein wirklicher Könner, mögen diese besonderen Faktoren dazu führen, daß er ein wirklich impressionistisches Bild herstellt — eine bildhafte Zeichnung also, bei der es in erster Linie darum geht, die Volumen durch „Farbe“ auszudrücken. Unter „Farbe“ verstehe ich hier natürlich die Werte, die sich durch das Spiel der Grau-, Weiß- und Schwarztöne ergeben. Trotzdem liegt die Form genau an der richtigen Stelle, die Einzelheiten bleiben präzise und können genau ausgemacht werden . . . Es handelt sich um die Zeichnung eines Profis, der weiß, zu welchen Mitteln er greifen muß, um mit Hilfe eines unvollkommenen Eindrucks ein vollkommenes Werk zu schaffen.

Doch um zu dieser Technik zu gelangen, mußte der Profi zunächst einmal das akademische Zeichnen erlernen und die Details, den Aufbau, die Form und die Tonwerte studieren.

Die Schnelligkeit, mit der man eine Fläche füllen kann, das Schwärzen und Malen stellen für den Hobbymaler eine riesige Gefahr dar, durch die er rasch in eine Sackgasse geraten kann: eben zu einer amateurhaften Zeichnung.

Die akademische Kohlestiftzeichnung, wie wir sie herstellen wollen, muß eine exakte Wiedergabe des Modells aufweisen.

Pflegen Sie die Einzelheiten

Ich meine die Einzelheiten in der Form und bei der Ausarbeitung der Tonwerte. Bedenken Sie immer, daß die Form von den Tonwerten bestimmt wird: vom Licht, vom hellen und nicht ganz so hellen Licht, von den dunklen Schatten etc. Die Formen werden niemals von den Linien bestimmt, die sie begrenzen und die Umrisse bilden. An dem Lorbeer, der Beethovens Kopf krönt, finden Sie auf dem Modell nicht eine einzige Linie, die die Form begrenzt.

Sie werden feststellen, daß die Blätter stets durch das Licht, die Schatten und die Tonwerte voneinander getrennt werden. Betrachten Sie die Blätter aufmerksam, erkennen Sie selbst die Notwendigkeit, den Kranz auf diese Weise darzustellen. Es handelt sich dabei um eine gewissenhafte Arbeit, die auf dem Zeichnen von Einzelheiten und den Nuancen in den Tonwerten beruht und sich niemals auf irgendwelche Linien stützt.

Das führt zum zweiten Teil dieser kurzen Lektion.

Vernachlässigen Sie nicht die Klassifizierung der Werte

Sie erinnern sich, was Sie tun müssen, um die Töne vollständig herauszuarbeiten: Sie betrachten den Ton genau, vergleichen ihn mit den anderen, ordnen ihn innerhalb einer Skala von Tönen ein — und verstärken ihn dann mit äußerster Sorgfalt. Es scheint mir nicht überflüssig, diese allgemeine Regel hin und wieder zu wiederholen. Denken Sie also daran:

Die Tonwerte herauszuarbeiten bedeutet:

Erkennen:	**den Tonwert genau zu erkennen.**
Vergleichen:	**ihn mit den dunklen und hellen Tönen des Modells zu vergleichen.**
Einordnen:	**ihn gedanklich als helles, mittleres oder dunkles Grau in eine Tonwertskala einzuordnen und**
Erneut vergleichen:	**ihn unter ständigem Vergleichen mit den bereits angelegten Tönen zu zeichen.**

Im Grunde läuft es darauf hinaus, daß man von Anfang bis Ende seiner Arbeit unablässig vergleicht. Sie lösen das Problem der Herausarbeitung der Töne nur unvollkommen, wenn Sie nur die großen Flächen berücksichtigen und sich sonst um nichts kümmern. Dann wird es Ihnen kaum gelingen, das Modell realistisch wiederzugeben, das sich eben nicht aus großen Flächen zusammensetzt, sondern aus kleinen unterschiedlichen Tonwerten. Betrachten Sie Ihr Modell also unter diesem Aspekt, und analysieren Sie die kleinen und großen Unterschiede in den Tönen. Dann erkennen Sie, daß das Grau unterhalb der Augenbrauen zum Beispiel etwas heller ist als das Grau des Schattens, den die Unterlippe auf das Kinn wirft. Das heißt, auf diese Weise zeichnen Sie tatsächlich die unendliche Vielfalt der unterschiedlichen Töne, die die verschiedenen Stellen des Modells aufweisen. Dadurch erhalten Sie (weshalb nicht?) eine perfekte Zeichnung, den Eindruck von Volumen, also der drei Dimensionen die wir mit zwei Dimensionen ausdrücken müssen.

Sie vermeiden dann auch den häufigen Fehler, zu stark zu schwärzen. Lassen Sie sich nicht von der außerordentlichen Leichtigkeit, mit der man den Kohlestift handhaben kann, verleiten. Arbeiten Sie langsam, korrigieren Sie die Fehler und das Ungleichgewicht der Töne, das durch einen exzessiven Gebrauch von Schwarz entsteht. Halten Sie sich dabei immer an das Modell, das Sie vor Augen haben.

Beachten Sie, daß alles, was Sie für das Arbeiten mit Zeichenkohle gelernt haben, auch für das Zeichnen mit der Rötelkreide gilt.

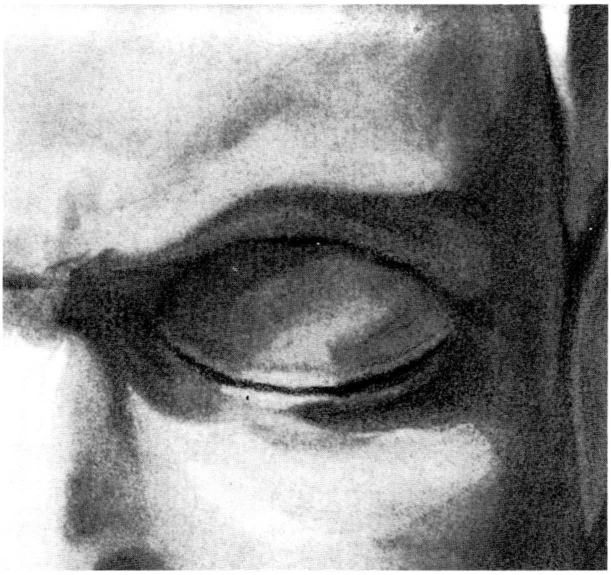

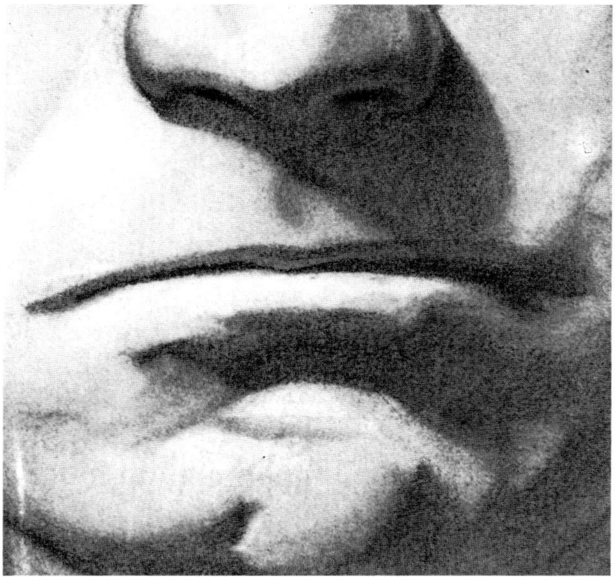

Anhand dieser beiden Ausschnitte der Abbildung 56 erkennen Sie, daß das Grau oberhalb der Augenbrauen etwas heller ist als der Schatten, den die Unterlippe auf das Kinn wirft.

59

Die Rötelzeichnung

Eine vollständige Übung

Am Ende des Buches finden Sie neben den beiden Abbildungen der Maske Ludwig van Beethovens die Porträtaufnahme eines kleinen Mädchens. Dieses wollen wir jetzt mit Rötelkreide zeichnen.

Der Künstler hat häufig Gelegenheit, ein Porträt nach einer Fotografie anzufertigen. Es ist möglich, daß er ein Foto als Modell vorzieht; vielleicht muß er aber auch eine Arbeit ausführen, um die man ihn gebeten hat. Später, wenn Sie die Technik wirklich beherrschen, können Sie sich auch an lebende Modelle heranwagen. Doch dann erwarten Sie noch weitere Schwierigkeiten, die Sie mit derselben Geduld meistern müssen.

Die vorliegende Übung bietet Ihnen eine interessante Interpretationsstudie. Das Porträt sollte mehr werden als nur eine kalte, mechanisch angefertigte Kopie. Nach Beendigung der Arbeit könnten Sie sonst höchstens sagen: „Ich habe die Kopie einer Kinderfotografie gezeichnet." Sie sollten jedoch bedenken, daß Sie eine eigene künstlerische Interpretation benötigen. Und das bedeutet, daß Sie sich ein wenig von dem entfernen müssen, was die Fotografie aussagt. Vergessen Sie das in Zukunft nicht, wenn Sie aus Freude oder als Auftragsarbeit ein Porträt anfertigen.

Allgemeine Hinweise

Arbeiten Sie sauber

Sie werden in der Folge feststellen, daß die Rötelzeichnung sehr leicht verschmutzt — vielleicht sogar noch stärker als die Zeichnung mit dem Kohlestift oder der Zeichenkohle. Rötelkreide wird mit den Fingern verwischt. Zeichnet man mit einem kleinen Stück Rötel, lösen sich ebensogroße, wenn nicht sogar noch größere Partikel als bei der Zeichenkohle ab. Sind die Finger rot und das Papier mit dem feinen Staub vom bedeckt, besteht eine große Gefahr, daß Flecken entstehen und die Zeichnung verschmutzt.

Die Flecken lassen sich zwar mit dem Radiergummi entfernen. Letztlich bleibt der Fleck doch leicht sichtbar, und die Zeichnung verliert an Qualität.

Arbeiten Sie daher immer mit einem Schutzblatt unter der Hand.
Waschen Sie sich oft die Hände.
Ziehen Sie beim Arbeiten alte Kleider an.

Befestigen Sie das Papier nicht auf dem Zeichenbrett

Versuchen Sie nicht, das Papier mit Heftzwecken auf dem Zeichenbrett zu befestigen. Lassen Sie es lose darauf liegen, damit es leicht zu bewegen und je nach Bedarf zu neigen ist. Auf diese Weise können Sie leichter zeichnen und die Farbe verwischen.

Einige Vorübungen

Die Rötelkreide läßt sich ganz leicht mit einer Rasierklinge zurechtstutzen. Halten Sie ein Ende so spitz wie möglich, vor allem dann, wenn die Stange noch ganz ist oder Sie mit einem einzigen Stück zeichnen. Glätten Sie die Spitze anschließend, und entfernen Sie die kleinen Partikel, die daran hängenbleiben, mit den Fingerspitzen.

Machen Sie die folgenden Übungen auf einem Stück Papier vom Typ Canson.

Grau (1) leicht verwischt

Nehmen Sie das Stück Rötelkreide so in die Hand, daß die Stange innen liegt, und legen Sie die Spitze auf das Papier, als wollten Sie seitlich mit einem Bleistift zeichnen. Zeichnen Sie ganz leicht, mit sehr viel Sorgfalt und Feingefühl, und versuchen Sie, eine gleichmäßige Fläche zu erhalten (Abb. 60 auf der gegenüberliegenden Seite).

Das ist nicht ganz einfach, nicht wahr? Das rauhe Papier verhält sich wie ein Schmirgelpapier. Die Rötelkreide bleibt an dem rauhen Korn haften, dringt aber nicht in die Zwischenräume ein, um die Fläche auszugleichen. Im Gegenteil: der feine Staub, der sich von der Kreide löst, kompliziert die Angelegenheit noch.

Diese Übung zeigt uns zum einen, daß es beinahe unmöglich ist, ohne Verwischen direkt einen gleichmäßigen Ton zu erhalten, und beweist zum anderen, wie wichtig es ist, daß man immer mit größter Sorgfalt und ohne Druck zeichnet, wenn man weiche, verwischte Töne erzielen möchte.

Grau (1): Normal verwischt

Zeichnen Sie dasselbe Grau noch einmal und verwischen Sie es anschließend mit den Fingern, stellen Sie fest, daß sich die Kreide nicht ohne weiteres verreiben und ausstreichen läßt. Sie erkennen, daß das Grau noch weiter ausgeglichen werden muß. Nach dem ersten Verwischen mit den Fingern sind hier und da noch Retuschen anzubringen; es muß Farbe hinzugefügt und erneut verwischt werden, bis die erwünschte Gleichmäßigkeit erreicht ist. Die Abbildungen 61a und b stellen das Verfahren dar.

---

(1) Das Wort Grau wird hier im Sinne eines hellen Tons oder Halbtons verwendet, entsprechend der grauen Farbe, die mit Hilfe leichter Striche mit dem Bleistift, dem Kohlestift oder der Zeichenkohle erzielt wird.

60

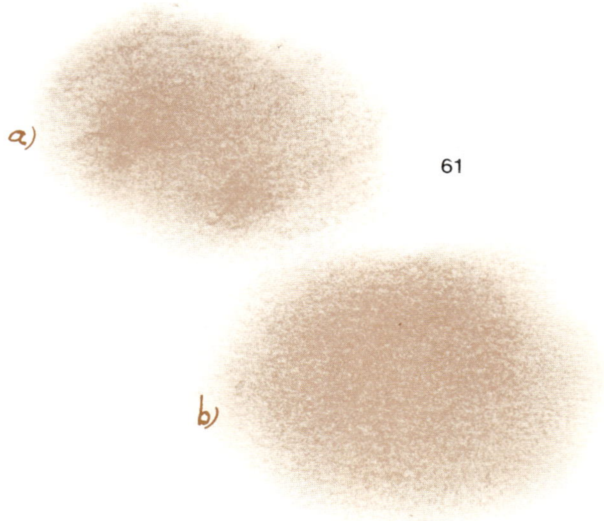

61

a) erstes Grau

b) das ausgeglichene Grau nach der Retusche

Feines verwischtes Grau

Dieses Verfahren benutzen wir, um die sehr leichten Schatten der Nase, die hellen Zonen um die Lippen sowie unter und über den Augen, auf der Stirn etc. wiederzugeben.

62

Man erhält den Ton entweder, indem man mit der Rötelkreide sehr leicht direkt auf das Papier zeichnet, oder man drückt heftig mit dem roten Finger auf das Papier, um die entsprechende Fläche zu tönen.

Verwischen der Fläche zu einer Abstufung

Wollten Sie die Lippen des kleinen Mädchens mit einer Bleistiftmine zeichnen, würden Sie die entsprechenden Flächen — also die Oberlippe, die Unterlippe, die Mundwinkel etc. — zunächst mit dem Stift und kleinen Strichen grau und schwarz malen und anschließend mit den Fingern oder dem Wischer darüberfahren, um die Form auszugleichen und zu verschmelzen. Damit hätten Sie keinerlei Schwierigkeiten. Zeichnet man jedoch mit Rötelkreide, ergeben sich ziemlich dicke, breite Striche. Man hat keine Möglichkeit, leichter oder feiner zu zeichnen. Mit Rötelkreide läßt sich eine Abstufung oder ein bestimmter Ton also nicht unmittelbar anlegen. Wir müssen hier zu einem anderen Verfahren greifen. Wir zeichnen zunächst einen Strich auf jene Stelle, die am dunkelsten werden soll, stufen ihn mit den Fingern ab und versuchen gleichzeitig, die entsprechende Form zu erreichen.

Beginnen wir mit der Abstufung einer Linie, ohne im Augenblick an eine bestimmte Form gebunden zu sein.

Hier ist die Linie. Verwischen wir sie mit dem Finger, indem wir ein einziges Mal darüberfahren. Ich wiederhole: ein einziges Mal!

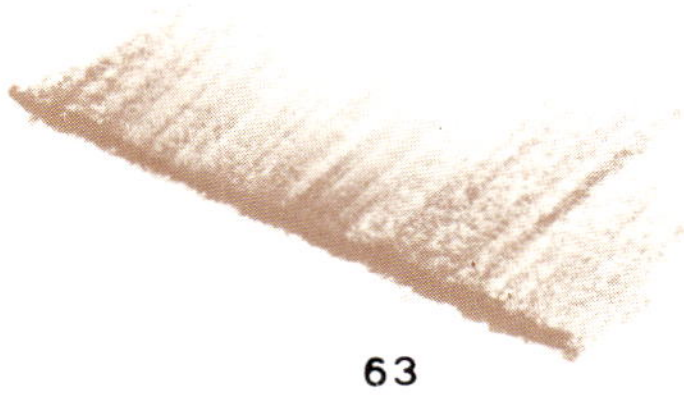

63

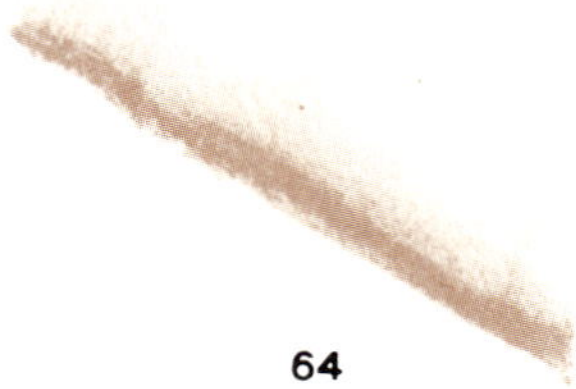

64

Halt! Sehen Sie, was geschehen ist (Abb. 63)? Als Sie die Linie gezogen haben, hat sich ein wenig Staub gelöst. Während Sie mit dem Finger darüberglitten, haben Sie mit diesen kleinen Staubkörnern einzelne Striche gezogen, so daß Ihre Abstufung wie ein Windstoß aussieht.

Wir dürfen einen Strich also erst abstufen, nachdem wir zuvor den feinen Staub entfernt haben. Man geht daher folgendermaßen vor: Erstens: die Linie ziehen; zweitens: darüberblasen; drittens: abstufen. Vergessen Sie keinesfalls, jedesmal den feinen Rötelstaub zu entfernen. Im Falle der Lippen des jungen Mädchens ist das äußerst wichtig. Wiederholen wir jetzt die Übung: Blasen Sie also über das Papier, nachdem Sie die Linie gezeichnet haben. Sehen Sie, so geht es (Abb. 64). Erinnern Sie sich an diese Übung, wann immer es nötig ist.

Versuchen wir anschließend, eine Abstufung innerhalb einer genau umrissenen Fläche anzulegen: zum Beispiel für die Lippen dieses jungen Mädchens.

a) Zeichnen Sie die Linie genau an jener Stelle, die später am dunkelsten sein muß.

b) Blasen Sie darüber, um den feinen Staub zu entfernen.

c) Verwischen Sie die Linie sorgfältig, und arbeiten Sie dabei von Dunkel nach Hell.

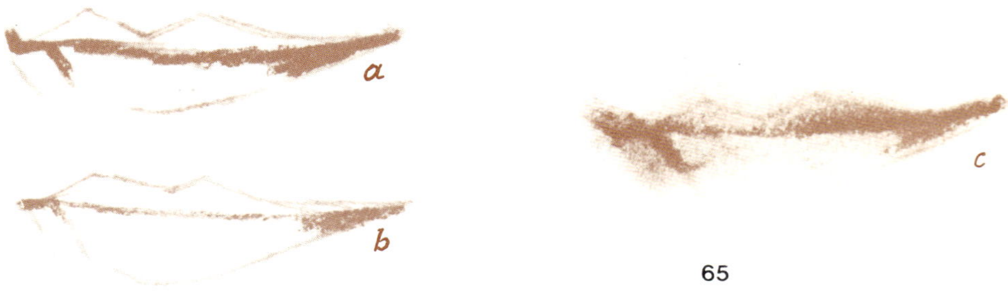

65

Achtung! Ist Ihr Finger sauber (oder haftet nur wenig Rötel daran), fällt die Abstufung ordentlich aus, und es entstehen keine wesentlichen Fehler. Ist Ihr Finger jedoch in dem Augenblick, wo Sie zu verwischen beginnen, schmutzig und voller Rötel, brauchen Sie sich nur die obige Abbildung C anzusehen, um zu erkennen, was geschieht. Es gelingt Ihnen kaum, die Abstufung unter Kontrolle zu halten. Sie wird schmutzig. Und selbst wenn die Form noch annehmbar sein sollte, erhalten Sie ein unbefriedigendes Ergebnis, auf dem zuviel retuschiert und gearbeitet wurde. Es ist also nicht ratsam, eine Linie mit bereits roten Fingern abzustufen.

Bedeutet das, daß man seine Hände alle Augenblicke waschen muß? Nein. Aber man sollte es methodisch tun und dabei wie folgt vorgehen:

1. Die Linie an der dunkelsten Stelle des Bildes ziehen.
2. Darüber blasen, um den Staub zu entfernen.
3. Den Finger auf einem gesonderten Blatt abreiben.
4. Den Strich entsprechend dem Modell abstufen.

Ich will nicht behaupten, daß dies alles jedesmal nötig ist, wenn man eine Fläche abstufen will. Man sollte den Vorgang jedoch kennen, um ihn im richtigen Moment in die Praxis umzusetzen.

Die Benutzung des Radiergummis

Sie können sich vermutlich schon denken, daß der Radiergummi bei dieser Technik eine erhebliche Rolle spielt. Man benötigt ihn, um die Umrisse zu ziehen, etwas auszulöschen, Weißtöne zu erzielen, Töne abzuschwächen, zu retuschieren und Grautöne und Abstufungen auszugleichen. Mit einem Wort: um die Zeichnung aufzubauen.

Haben Sie alle Vorübungen ausgeführt, sollten Sie jetzt in der Lage sein, mit der Hauptübung zu beginnen.

Künstlerische Interpretation eines Rötelporträts nach einer Fotografie als Vorlage

Ich selbst habe dieses Porträt dreimal gezeichnet, bis ich das Ergebnis erreichte, das Sie auf Seite 77 abgebildet sehen. Bei Ihnen ist diese Vorarbeit nicht notwendig, denn das ist bereits für Sie erledigt worden. Aber ich möchte, daß Sie den Grund für diese Arbeit erfahren. Dann werden Sie erkennen, weshalb wir sie als einen normalen Bestandteil unseres Schaffens betrachten und was wir damit erreichen möchten.

Wir Künstler sind keine Fotoapparate. Wir können uns nicht damit begnügen, etwas mechanisch wiederzugeben, ohne uns auch nur im geringsten vom Original zu entfernen. Wir müssen immer — immer — versuchen, das Modell zu bereichern, gleichgültig, ob wir ein lebendes Modell oder eine Fotografie vor uns haben.

Zeichnen Sie ein Porträt nach einer Fotografie, studieren Sie dieses zuvor, und bereichern Sie es beim Zeichnen.

Was habe ich getan, um das Porträt dieses kleinen Mädchens anzureichern und künstlerischer zu gestalten?

Achtung! Hier das Verfahren, das Sie während des Zeichnens ebenfalls einhalten sollten.

Weiter oben, weiter unten, in der Mitte des Papiers, mehr nach rechts, mehr nach links . . ?

Ja, meine erste Arbeit bestand darin, mir ein paar Skizzen zu machen, in reduziertem Format zu zeichnen und dabei gleichzeitig zu überlegen, wie man das Porträt abändern, bereichern und „leichter" machen könnte . . .

Ich war eben dabei, das kleine Mädchen als Skizze in einem verkleinerten Format zu zeichnen, und kopierte zunächst, was ich sah, da begann mich plötzlich diese Stange, dieser Pfeiler, auf den das Kind die Hände stützt und der die Fotografie von oben nach unten durchläuft, zu stören. Wegen dieses Pfeilers sah mein Bild ständig wie „durchgeschnitten“ aus. Der Pfeiler war stets sehr auffällig im Vordergrund und zwang mich, den Kopf des Mädchens stark hervorzuheben. Er störte auch noch, wenn ich ihn weiß ließ und nur die beiden Umrißlinien als Senkrechte andeutete.

Während dieser Studien wurde mir übrigens klar, daß die rechte Hand des Mädchens, die auf der Fotografie kaum zu sehen ist, zu wenig einer Hand ähnelt, um überhaupt gezeigt zu werden.

Außerdem war sie ausgesprochen häßlich. Also fertigte ich eine weitere Skizze an, und dann noch eine, bis ich die Lösung fand, die Sie auf Seite 77 abgebildet sehen. Der Pfeiler ist also zu einer Wand geworden. Dadurch entfällt das Problem des „durchgeschnittenen“ Bildes. Und das Zeichnen einer Hand in perspektivischer Verkürzung, das allein schon Schwierigkeiten bereiten könnte, ist ebenfalls entfallen.

Noch eine Skizze mit der soeben beschriebenen Lösung . . .

Beim Zeichnen stellte es sich heraus, daß das Einfaßband mit der Schleife, das das Oberteil des Kleides auf der Schulter hält, ziemlich weit vom Kopf entfernt ist und zu einem eigenen kleinen Brennpunkt wird, der vom Hauptbrennpunkt, also dem Kopf, ablenken könnte. Im übrigen hatte der Ausschnitt, ohne Licht und Schatten mit Strichen gezeichnet, aufgrund seiner geometrischen Form eine außerordentliche Bedeutung gewonnen und den Blick auf sich gezogen. Ich beschloß deshalb, den Ausschnitt etwas zu verkleinern und das Band näher an den Hals heranzuführen, wie Sie auf meiner Zeichnung (Seite 77) sehen. Auf diese Weise erhalte ich eine größere Einheit in der Komposition.

Während ich anschließend untersuchte, wie ich das Modell selber darstellen sollte, wurde mir klar, daß die Kontraste auf der Fotografie in keiner Weise das kindliche Gesicht ausdrückten, also die Unbefangenheit, die Arglosigkeit, das Zarte und die Reinheit des kindlichen Wesens nicht wiedergaben. „Nein“, sagte ich mir, „das Gesicht eines kleinen Mädchens darf nicht dieselben Kontraste aufweisen wie das eines Erwachsenen. Es muß engelhaft sein und eine zarte, feine weiche Haut besitzen.“ Deshalb beschloß ich, entsprechend meinen Vorstellungen die Tonwerte auf dem Foto zu verändern, die Dichte der Schatten auf der Seite der Wange, auf dem Hals und auf den Haaren zu vermeiden und mehr Licht und mehr Fröhlichkeit hineinzubringen. Auf diese Weise vermied ich den Eindruck des nachdenklichen Gesichtes eines Erwachsenen.

Anschließend überlegte ich, daß ich auch in den Blick noch mehr Fröhlichkeit legen könnte, indem ich die dunkelsten Stellen so intensiv hielt, wie es mit der Rötelkreide nur möglich ist, und bewußt einen Kontrast zwischen dem Tonwert der Augen, der Wangen und dem Haar entstehen ließ. Endlich habe ich mir noch eine etwas fülligere Hand vorgestellt, wie man sie von Murillos Engeln kennt.

Mir ist klar, daß ich nicht zu einer idealen Darstellung dessen, was ich mir vorstellte, gelangt bin. Aber ich habe es versucht. Einer Sache bin ich mir in jedem Falle sicher: Ich habe viel von mir selbst in das Bild gelegt, und die Arbeit hat mir viel Freude gemacht.

Erstes Stadium: Der Aufbau

Pauspapier und Papier von Typ Canson von mittlerem Korn, einen Bleistift Nr. 2, Rötelkreide.

Der Kopf muß auf der Zeichnung etwa 15 cm hoch sein. Benutzen Sie die fotografische Vorlage als Grundmodell, und ziehen Sie für die Herausarbeitung der Werte, die künstlerische Interpretation und die Abschlußarbeiten immer wieder die Reproduktion meiner Zeichnung auf Seite 77 zu Rate.

Erster Schritt: Aufstellung und Aufbau auf einem Extrablatt

Während der zahlreichen Übungen habe ich meinen Studenten oft geraten, diese grundsätzliche Aufteilung und den Aufbau auf einem Extrablatt zu untersuchen, um zuviel Radierstriche und Kratzer auf dem endgültigen Zeichenpapier zu vermeiden. Bei der Art der vorliegenden Übung bitte ich Sie, dieses Verfahren für die Herstellung der Zeichnung als unerläßlich zu betrachten. Das Vorgehen mag Ihnen ein wenig künstlich und zu technisch erscheinen. Das steht Ihnen frei. Aber letzten Endes zählt das Ergebnis des Werkes. Und da Sie im vorliegenden Fall kein lebendes Modell haben, dessen Zeit begrenzt ist, so daß Sie mit aller Sorgfalt an die Aufteilung und den Aufbau herangehen können, folgen Sie bitte meiner Anweisung. Sie werden es nicht bereuen.

Wissen Sie noch, wie man dabei vorgeht? Sie schneiden zunächst ein Stück dünneres Papier im Format des Zeichenpapiers für das Werk zu und zeichnen auf diesem Skizzenpapier. Radieren Sie dabei, sooft Sie wollen! Aber bauen Sie das Bild korrekt auf. Deuten Sie einige Werte an, um zu sehen, wie die Zeichnung später ausfällt. Benutzen Sie das folgende Verfahren, um Ihre Skizze auf das endgültige Papier zu übertragen:

Bestreichen Sie die Rückseite des Skizzenpapiers mit Rötel. Dazu reiben Sie am besten mit der Breitseite des ganzen Stiftes, falls Ihnen ein solcher zur Verfügung steht, über das leere Blatt. Natürlich müssen Sie das in einiger Entfernung zu dem richtigen Zeichenpapier erledigen, damit es keinesfalls verschmutzt.

Verwischen Sie die Striche mit den Fingern; verteilen Sie die Rötelkreide gleichmäßig, und entfernen Sie den feinen Staub, den die Striche hinterlassen haben.

Legen Sie das so vorbereitete Papier auf das endgültige Zeichenpapier, heften Sie die beiden Blätter mit Hilfe von Tesafilmstreifen an der Oberkante zusammen, und pausen Sie die Skizze mit einem harten Stift durch.

Achtung: Drücken Sie nicht stark auf, zeichnen Sie leicht!

Zeichnen Sie auf jeden Fall leicht, sogar sehr leicht. Dabei pausen Sie die Zeichnung ebenso gut durch; das Bild wird korrekt übertragen, und Sie verhindern eine kleine, für den Anfänger typische Katastrophe: die durchgedrückten Bleistiftstriche auf dem endgültigen Papier, die nach dem Verwischen sichtbar bleiben und jedermann zeigen, daß Sie die Zeichnung durchgepaust haben. Nur steht dann leider nicht daneben geschrieben, daß es sich um Ihre eigene Zeichnung gehandelt hat, die Sie für das endgültige Werk durchgepaust haben . . . Daß Sie durchgepaust haben, weil es notwendig war und die Profis es ebenso tun.

Pausen Sie zunächst nur eine Linie durch, nur eine einzige, und das ganz leicht. Haben Sie auf einem dünnen Papier gearbeitet, muß der Strich auf dem Original gut sichtbar sein. Prüfen Sie es nach!

Soweit die technische Seite. Bisher haben wir uns noch gar nicht mit dem eigentlichen Aufbau befaßt. Kehren wir also noch einmal zum Ausgangspunkt, zur Arbeit auf dem Skizzenpapier, zurück. Untenstehend sehen Sie einige Skizzen mit dem Aufbau des Kopfes des kleinen Mädchens entsprechend dem Kanon des menschlichen Kopfes und einigen Anhaltspunkten zum Bestimmen und Berechnen der verschiedenen Teile des Gesichtes.

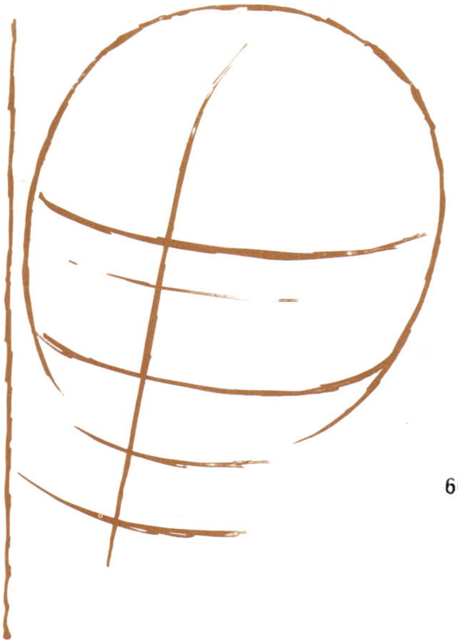

66

67

68

69

70

Zweites Stadium: Vorbereitendes Verwischen und schrittweises Herausarbeiten der Werte

Eine Stange Rötelkreide und ein Radiergummi zum Entfernen von Formfehlern. Rötelkreide wird ausschließlich mit den Fingern verwischt. Ein eigentlicher Wischer ist nicht erforderlich.

Betrachten Sie während des Lesens der folgenden Zeilen immer wieder die gegenüberliegenden Abbildungen, und ziehen Sie auch das Modell zu Rate, damit Sie das Prinzip anschließend auf Ihre eigene Zeichnung übertragen können.

Weshalb illustriere ich diesen Ablauf nicht anhand einer Zeichnung des gesamten Kopfes und beschränke mich auf Teilansichten des Kinns, des Mundes und der Nase? Weil ich Ihnen nicht alles fix und fertig liefern möchte. Ich meine, auf diese Weise sind Sie gezwungen, Ihr eigenes Vorstellungsvermögen in Aktion treten zu lassen und das zu überdenken und in die Praxis umzusetzen, was Sie bisher erlernt haben. Trotz der Gefahr, daß Ihnen einiges mißlingt, glaube ich, daß Sie so besser und schneller lernen.

Abbildung 71: Ziehen Sie die stärksten Linien mit der gut angespitzten Rötelkreide nach

Beachten Sie auf der nebenstehenden Abbildung, daß wir unter den „stärksten Linien" im allgemeinen jene verstehen, von denen die Grautöne und die Abstufungen ausgehen: zum Beispiel die untere Linie der Oberlippe, von der wir durch richtiges Verwischen das Grau und die Abstufung für die Oberlippe erhalten. Die Linie, die die Lachfalte andeutet, ist ein weiteres Beispiel: Ihr Platz (auf der Abbildung) entspricht der stärksten Stelle der Abstufung, die anschließend die Krümmung der Wange modelliert.

Wenden Sie dasselbe Verfahren bei den Wimpern, den Augen und den Haaren an. Versuchen Sie immer, auf der Fotografie oder der Zeichnung die dunkelste Stelle einer Fläche zu finden. Zeichnen Sie dort eine Linie. Bedenken Sie dabei jedoch, daß Sie eine Stelle später immer noch verstärken und den Ton schrittweise aufbauen können.

Abbildung 72: Verwischen Sie jetzt die obenerwähnten Linien

Betrachtet man die beiden Abbildungen 71 und 72, könnte man annehmen, daß man zunächst alle intensiven Linien des Kopfes, des Kleides, der Hände etc. ziehen muß und sie anschließend systematisch und methodisch verwischt.

Das ist jedoch nicht der Fall. Ziehen Sie eine Linie, und verwischen Sie sie unmittelbar danach. Zeichnen Sie zum Beispiel die Mundlinie, und verwischen Sie sie sofort, also ohne sich zuvor noch um die Nase zu kümmern. Legen Sie die Rötelkreide dazu nicht aus der Hand. Behalten Sie sie zwischen Daumen und Zeigefinger, während Sie mit dem Ringfinger und dem kleinen Finger verwischen. So können Sie zügig abwechselnd zeichnen und verwischen, wieder zeichnen und so fort.

71

72

73

74

Abbildung 73: Um die beste Wirkung beim Verwischen zu erzielen, sollte man mit den Fingern immer in eine bestimmte Richtung wischen

Wischen Sie immer in die logischste Richtung, als handele es sich um richtige Striche und nicht um Abstufungen. Betrachten Sie dazu die Abbildung 73. Sie illustriert diese Arbeit. Eine ganze Reihe von Pfeilen zeigt die Richtung an, der die Finger beim Verwischen der zuvor gezogenen Linien folgen müssen. Diese Richtungen sind jedoch nicht zwingend vorgeschrieben.

Manchmal wischt man auf derselben Fläche sowohl senkrecht als auch waagerecht, wie das zum Beispiel bei der Unterlippe (A) geschieht. Hier sehen Sie Pfeile, die von der unteren Linie der Lippe nach oben verweisen, und andere, die nach rechts und links der Lippenlinie folgen. Dasselbe trifft für die Linie zu, die das Kinn angibt. Beachten Sie jedoch, daß die angegebenen Richtungen immer der folgenden Regel entsprechen: „Verbergen Sie durch das Verwischen die Form unter dem Umriß.“ Auf der fertigen Zeichnung erkennen Sie übrigens vor allem an den Haaren die außerordentliche Bedeutung der Richtung der Linien und des Verwischens. Dadurch entstehen die die Strähnen und die Form der Frisur.

Abbildung 74: Verstärken Sie nach diesem ersten Verwischen erneut die dunkelsten Stellen

Zeichnen Sie die stärksten Linien noch einmal, als wollten Sie die Zeichnung neu beginnen. Vergrößern Sie das Volumen durch weiteres Verwischen, und behalten Sie gleichzeitig die Herausarbeitung der Tonwerte so gut wie möglich im Auge. Legen Sie die ganz zarten Grautöne an. Hier beginnt die persönliche Interpretation.

Abbildung 75: Verstärken Sie die Augen, die Nase und den Mund

Beachten Sie die persönliche Interpretation insbesondere beim Zeichnen der Augen, der Nase und des Mundes. Gerade bei den Augen habe ich mich bemüht, ihnen mehr Tiefe zu geben, indem ich sie den dunkelsten Tönen der Wange, des Halses und der Haare annäherte. Merken Sie sich folgendes: Die dunkelsten Stellen der Augen müssen ein tieferes „Schwarz“, das heißt also ein tieferes Rot besitzen als die dunkelsten Stellen im Haar, am Hals und an den Wangen. Auf diese Weise arbeiten Sie diesen wichtigen Teil des Gesichtes am besten heraus.

Abbildung 76: Wenn Sie beim Zeichnen und Verwischen über die beabsichtigte Fläche hinausgeraten sind . . .

Das ist nichts Besonderes. Auf Abbildung 76 sehen Sie solch eine ungenaue, diffuse Arbeit, die durch wiederholtes Darüberfahren mit dem Finger entstanden ist, obwohl man sich die größte Mühe gegeben hat, innerhalb der erlaubten Grenzen der jeweiligen Form zu bleiben. Solche Überschreitungen können in jedem Fall mit dem Radiergummi wieder beseitigt werden. Trotzdem sollte man es natürlich nach Möglichkeit vermeiden, zu weit zu geraten. Dazu muß man sich die Hände von Zeit zu Zeit waschen; dann bleibt der ursprüngliche Aufbau eher erhalten. Erst in zweiter Linie sollte man an die Möglichkeit der Retusche mit dem Radiergummi denken.

Arbeiten mit dem Radiergummi

Es ist verhältnismäßig einfach, Umrisse wie den unterhalb der Nase durch ein einfaches Darüberstreichen mit dem Radiergummi herzustellen. Auf der vori-

75

76

77

78

gen Abbildung erkennt man ziemlich genau, wo die Schattenzone unter der Nase beginnen und enden muß.

Abbildung 77 (vorige Seite): Beachten Sie, wie man den Mund des Mädchens durch zeichnerische Effekte — das Anlegen von Weiß mit Hilfe des Radiergummis — aufbaut

Hier handelt es sich um ein weiteres Beispiel für die Möglichkeit, den Radiergummi als echtes konstruktives Zeicheninstrument einzusetzen. Vergleichen Sie diese Abbildung mit der vorigen, erkennen Sie jetzt deutlich die Begrenzung der Oberlippe und die Zähne, die klar mit dem Gummi herausgearbeitet wurden. Sehen Sie die Stelle, wo der Radiergummi diagonal zu weit gegangen ist und unbeabsichtigt das Ende des unteren Rands der Oberlippe ausgelöscht hat? Das ist nicht schlimm, denn man kann diese Linie immer wieder nachziehen, verwischen und notfalls auch wieder auslöschen. Das macht ja das Besondere der Rötelzeichnung aus: Sie entsteht aus der gleichzeitigen Verwendung der Rötelkreide, der Finger und des Radiergummis. Diese drei Dinge werden gemeinsam eingesetzt, „gemeinsam, wie auch das Bild sich gleichzeitig abzeichnet, formt und präziser wird".

Drittes und letztes Stadium

Rötelkreide, Radiergummi, Finger, Wischer, Rasierklinge.

Abbildung 78 (vorige Seite): Allgemeine Angleichung des Aufbaus und der Tonwerte, Arbeiten mit dem Radiergummi

Erinnern Sie sich jetzt an die Möglichkeit, mit Hilfe des Radiergummis die Töne abzuschwächen, zu dunkle Stellen aufzuhellen, Flächen zu verschmelzen, auszugleichen, zu retuschieren etc. Wie stets, muß man auch hier mit dem Rötelstift, den Fingern und dem Radiergummi gleichzeitig arbeiten und sollte in diesem letzten Stadium sogar noch einen feinen Wischer einsetzen.

Gehen Sie bei diesen Abschlußarbeiten so sorgfältig wie möglich vor

Die feinen Linien, die die Form der Zähne andeuten, habe ich mindestens achtmal gezeichnet und immer wieder ausgelöscht. Das war nötig. Die gleiche Sorgfalt ist auch bei all den Linien, die die Augenlider, die Nasenflügel etc. bezeichnen, erforderlich, also immer dann, wenn es schwierig ist, die Umrisse, die Linien und die Form in Einklang zu bringen. Hier braucht man den Wischer, um wirklich das Bestmögliche zu erreichen, und den absoluten Willen, nicht aufzugeben, bevor man ein gutes Ergebnis erzielt hat.

Betrachten Sie die Linien und Striche, die direkt mit der Rötelkreide auf die verwischten Stellen in den Haaren, auf den Wangen und am Hals aufgetragen wurden

Sie erkennen diese Linien in den großflächigen Schatten des fertigen Bildes auf der gegenüberliegenden Seite. Sie sind künstlerisch angelegt und mit ausgestrecktem Arm, zurückgelehntem Körper und halb geschlossenen Augen in impressionistischer Weise ausgeführt worden. In solchen Augenblicken verbringt man mehr Zeit mit Beobachten und Studieren als mit dem Zeichnen.

79

Anlegen leuchtender Punkte mit dem Radiergummi

Hier handelt es sich um sehr leuchtende Punkte wie die Nasenspitze, die Mundwinkel, den Punkt in der Nähe des linken Auges etc.

Fixieren Sie Ihre Zeichnung

Gehen Sie hier ebenso vorsichtig und sorgfältig vor wie beim Fixieren einer Kohlezeichnung.

Anlegen leuchtender Punkte mit einer Rasierklinge

Vielleicht haben Sie sich während der Arbeit schon gefragt, wie man jene ganz kleinen leuchtenden Punkte in den Augen erhält. Hier die Lösung. Nachdem Sie Ihre Zeichnung fixiert haben und das Fixativ völlig trocken ist, brauchen Sie nur so lange ganz sorgfältig mit einer Rasierklinge zu kratzen, bis das Weiß des Papiers wieder auftaucht. Dadurch erhalten Sie diese kleinen, völlig weißen Punkte. Dasselbe Verfahren können Sie auch an anderen Stellen des Gesichtes anwenden. Setzen Sie die Rasierklinge aber nur sparsam ein; mißbrauchen Sie sie nicht. Ich selbst habe die Klinge für jene leuchtende Linie auf dem einen Schneidezahn, für etwas Weiß im Haar und für den Glanz auf der Unterlippe benutzt. Dabei habe ich nur verstärkt, was ich bereits mit dem Radiergummi begonnen hatte.

Ich rate Ihnen, einige Stunden verstreichen zu lassen, bevor Sie Ihre Arbeit als beendet betrachten und sie fixieren. Halten Sie sich die Möglichkeit, etwas zu korrigieren, noch eine Weile offen. Manchmal kann man noch etwas verbessern, nachdem man die Zeichnung eine Weile nicht angesehen hat und sie nun „mit neuen Augen" losgelöst von der Fotografie betrachtet, die sich während der Arbeit an dem Werk doch ziemlich in unserem Kopf festsetzt.

Abschlußbetrachtung zum besseren Erkennen und Verstehen der Irrtümer im Aufbau

Nehmen wir einmal an, Sie haben Ihre Zeichnung beendet, sind aber nach all den Stunden nicht mehr in der Lage, vor allem jene Stellen im Aufbau zu erkennen, die noch verbessert werden könnten. Halten Sie sich dann an folgende Praxis:

Betrachten Sie Ihre Zeichnung im Spiegel!

Halten Sie die Zeichnung seitenverkehrt vor sich, entdecken Sie die Fehler, die Sie vorher nicht zu sehen vermochten, sofort. Vielleicht stellen Sie fest, daß ein Auge im Verhältnis zur Höhe des anderen etwas falsch liegt; daß der Mund im Vergleich zur Nase nicht ganz symmetrisch ist etc. Vielleicht sind Sie jetzt verärgert, daß Sie diese Fehler nicht früher entdeckt haben.

Dazu sollten Sie wissen, daß es immer noch besser ist, sie zwar spät, aber nicht zu spät und vor allem selbst zu entdecken, so daß Sie sie noch verbessern können. Um so zufriedener sind Sie hinterher!

Nun, wie ist es Ihnen ergangen? Was sagt Ihnen das Bild im Spiegel? Alles in Ordnung? Und was sagen Ihre Freunde? Möchten sie Ihnen einmal Modell sitzen?

Bei den Kohle- und Rötelzeichnungen, wie ich Sie Ihnen in diesem Buch beschrieben habe, handelt es sich um Kunstwerke. Ich bin davon ausgegangen, daß Sie noch nichts über dieses Ausdrucksmittel wußten, und habe die Unterweisung daher so ausführlich wie möglich gehalten . . . Trotzdem würde es mich, ehrlich gesagt, nicht wundern, wenn Ihnen der erste Versuch mißlänge.

Ich habe recht häufig solche „ersten Fehlschläge“ miterlebt und möchte Sie gern darauf vorbereiten, damit Sie nicht zu enttäuscht sind. Betrachten Sie den ersten Versuch nur als eine Art Experiment, als einen unumgänglichen Schritt — einen Schritt vorwärts auf Ihrem Weg zum Erfolg. Bedenken Sie, daß Sie es schaffen können und daß es Ihnen gelingt, wenn Sie den Willen zum Lernen nicht verlieren.

Der berühmte englische Dichter Bernard Shaw sagte über seine Mißerfolge, die auf Mangel an Erfahrung beruhten: „Als ich jung war, ist mir häufig etwas mißraten — neun von zehn Dingen, die ich unternahm. Doch da ich nicht zu den Gescheiterten gehören wollte, habe ich beschlossen, das Zehnfache zu arbeiten.“